思政引领 动力报国

——航空动力人才培养课程思政实践案例汇编

刘存良 张丽芬 孟 倩 王 颖 郝雨菡 编

西北工业大学出版社

西 安

【内容简介】 本书围绕能源动力大类的专业基础课和专业课的课程思政融入问题，从家国情怀、科学精神、文化自信、责任担当、创新思维五个方面编写了思政素材以及素材融入课堂、融入教学内容的过程，思政素材紧贴教学内容，案例均来源于授课教师长期的授课实践，为工科专业一线教师提供具有针对性、指导性、可借鉴性的课程思政融入方案。

本书可作为高等院校工科类专业一线教师、各专业的教辅人员、辅导员、行政人员等的课程思政教学和研究的参考用书。

图书在版编目（CIP）数据

思政引领　动力报国：航空动力人才培养课程思政实践案例汇编 / 刘存良等编． -- 西安：西北工业大学出版社，2023.12

ISBN 978-7-5612-9141-2

Ⅰ．①思… Ⅱ．①刘… Ⅲ．①高等学校 - 思想政治教育 - 研究 - 中国　Ⅳ．①G641

中国国家版本馆CIP数据核字(2024)第015437号

SIZHENG YINLING DONGLI BAOGUO —— HANGKONG DONGLI RENCAI PEIYANG KECHEN SIZHENG SHIJIAN ANLI HUIBIAN

思政引领　动力报国——航空动力人才培养课程思政实践案例汇编

刘存良　张丽芬　孟倩　王颖　郝雨菡　编

责任编辑：华一瑾　刘　婧		策划编辑：胡西洁	
责任校对：黄　佩　胡西洁		装帧设计：高永斌　郭　伟	
出版发行：西北工业大学出版社			
通信地址：西安市友谊西路127号		邮　　编：710072	
电　　话：(029) 88491757，88493844			
网　　址：www.nwpup.com			
印 刷 者：西安五星印刷有限公司			
开　　本：787 mm×1 092 mm		1/16	
印　　张：18.5			
字　　数：309千字			
版　　次：2023年12月第1版		2023年12月第1次印刷	
书　　号：ISBN 978-7-5612-9141-2			
定　　价：79.00元			

如有印装问题请与出版社联系调换

前　言

《高等学校课程思政建设指导纲要》明确指出，让所有高校、所有教师、所有课程都承担好育人责任，守好一段渠、种好责任田，使各类课程与思政课程同向同行，将显性教育和隐性教育相统一，形成协同效应，构建全员全程全方位育人大格局。课程思政建设的核心目标和重点内容，是寓价值观引导于知识传授和能力培养之中，帮助大学生树立正确的世界观、人生观、价值观；同时，课程思政必须紧密结合专业课程，要做到如盐在肴。而现实的情况是，目前一些专业课教师对课程思政的认识还不够，无法做到真正将课程思政与授课内容相结合，润物细无声。因此，高校专业课的课程思政实践是一线授课教师以及专业学院领导非常关心的一个课题。尤其对于高校工科类的专业，目前非常迫切地需要一本关于课程思政类的书，在课程思政的教学设计、思政内容的融入方面对教师进行必要的指导，以此提高教师对课程思政的认识，推进课程思政建设。

本书围绕能源动力大类的专业基础课和专业课的课程思政融入问题，包括家国情怀、科学精神、文化自信、责任担当、创新思维等几个方面的思政素材以及素材融入课堂的过程，为一线教师提供针对性、指导性、可供借鉴的课程思政融入方案。

本书具有以下几方面的特色：

1.素材的思想有深度

课程思政需要深挖课程的思想性。思想性是作为教师用以个人成长和启迪学生思考的关键因素。本书中的思政元素凝聚了一线教师对课程内容、课程思政的深入思考，体现了思想上的深度。

2. 素材的视角有广度

本书汇编的素材来自能源动力大类专业基础课和专业课教师。素材的知识视野、历史视野、国际视角都具有一定的广度。

3. 素材的内容有温度

本书汇编的思政素材包含家国情怀、科学精神、创新思维、文化自信、责任担当，内容来自对于专业背景及课程内容的深入挖掘，思政内容贴近学生的认知范围，力求使学生感受到思政内容带来的温度。

4. 素材融入有力度

课程思政融入专业课应该像盐溶于水，要做到生动鲜活、自然贴切，这将大大增加课程思政的吸引力和感染力。本书的思政素材均有与之相应的教学内容，并且教学内容涵盖了几乎所有能源动力大类的专业课程，在能源动力大类教学中力求做到课课有思政，有力地融入专业课程的教学。

本书的编写得到了西北工业大学动力与能源学院领导和各位教师的支持，在此表示感谢。

本书可供能源动力大类及航空航天大类的专业课教师、工科类专业一线教师、工科专业学院的领导、教辅人员以及学生等参考。

由于编者水平有限，书中不足之处恳请读者批评、指正。

编者
2023年1月

目　录

第一章　家国情怀类 ··· 001

案例1.1　叙说人物故事，讲述航空事业发展······································ 002
案例1.2　让战鹰翱翔在数值的天空·· 005
案例1.3　流动显示技术助力战机研制··· 008
案例1.4　西北工业大学原校长季文美教授的奋斗奉献精神···················· 011
案例1.5　国内外FADEC技术发展历程··· 014
案例1.6　吕文林老师的故事·· 017
案例1.7　西工大现象·· 020
案例1.8　国之利器——高马赫数导弹··· 023
案例1.9　新时代中国风电人的责任担当·· 027
案例1.10　发动机诊断是政治使命·· 030
案例1.11　传热学在国防利器导弹中的应用······································· 033
案例1.12　中国航空发动机测试技术的发展历程································· 036
案例1.13　中国航空发动机高空试车台的发展历程······························ 039
案例1.14　试飞员大无畏的奉献精神··· 042
案例1.15　超声速飞行器——国之重器··· 045
案例1.16　"卡门-钱"公式与流动相似性·· 048
案例1.17　《逐梦蓝天》·· 051
案例1.18　抗美援朝，保家卫国··· 054

案例 1.19	珠海航展	057
案例 1.20	航空发动机的变迁	060
案例 1.21	《中国战机——歼-8奋飞》	063
案例 1.22	大国重器	066
案例 1.23	王宏基先生的事迹与精神	069
案例 1.24	歼-20研制团队的奉献精神	072
案例 1.25	神舟十五号载人飞船与火	075
案例 1.26	钱学森与燃烧学的发展	078

第二章　科学精神类 ················ 081

案例 2.1	工程热力学的价值观教育	082
案例 2.2	工程热力学英雄谱的人生观教育	084
案例 2.3	范德瓦尔斯方程获诺贝尔奖的科学意义	087
案例 2.4	工程热力学之科学精神	090
案例 2.5	上海外三发电厂每度电煤耗比国际先进水平发电厂低10克	093
案例 2.6	涡喷-6发动机全流程温度测量方案	096
案例 2.7	从卷积定理的形象理解看厚积薄发	099
案例 2.8	我国某两型发动机涡轮叶片结构阻尼改型	101
案例 2.9	辩证地认识局部损失	103
案例 2.10	科学地认识飞机的飞行阻力	106
案例 2.11	通过对光的本质认识提升学生辩证思维能力	109
案例 2.12	古代伟大工程启示	112
案例 2.13	科学家的实践求知精神	115
案例 2.14	数字控制系统，内嵌于"心"，外化于"行"	118
案例 2.15	控制系统的发展史，就是科研人的奋斗史	121
案例 2.16	准确认识先进动力装置中关键热问题	124

第三章　文化自信类　129

案例 3.1　从自动控制的发展历史讲文化自信　130

案例 3.2　中国第一台蒸汽机　133

案例 3.3　竹子变形　136

案例 3.4　"神威·太湖之光"计算能力介绍　139

案例 3.5　第五代DCS弯道超车　141

案例 3.6　古人治水（一）　143

案例 3.7　古人治水（二）　145

案例 3.8　流体力学中国发展史　148

案例 3.9　C919首飞故事　150

案例 3.10　珠海航展的先进战斗机与发动机推力公式的推导　152

案例 3.11　百年三峡梦与流体力学静力学　155

案例 3.12　"吴氏理论"　158

案例 3.13　徐建中院士在叶片机发展中的贡献　161

案例 3.14　现代燃气涡轮的最早雏形——走马灯　164

第四章　责任担当类　167

案例 4.1　空天发动机动力循环分析　168

案例 4.2　国家数值风洞工程以及相关国产CFD套件软件的发展和功能简介　171

案例 4.3　制冷行业的探索者　175

案例 4.4　中国航空发动机研发历程　178

案例 4.5　歼-10发动机空中停车故障　182

案例 4.6　我国航空发动机发展的现状　184

案例 4.7　我国国产发动机振动问题案例介绍　187

案例 4.8　把我国"双碳"战略部署带进学生头脑中　189

案例 4.9　美国塔科马大桥事故和我国虎门事故　191

案例 4.10　"国之重器"歼-20　194

案例 4.11　服务国家"两机"专项，攻克航空动力"卡脖子"技术 …… 197

案例 4.12　"碳达峰碳中和"与换热器 …………………………………… 200

案例 4.13　C919飞机和CJ1000发动机 ………………………………… 204

案例 4.14　歼–20用上了"中国心"——《传热学》与航空发动机的可靠性
　　　　　　 ……………………………………………………………… 207

案例 4.15　航空发动机涡轮叶片高效冷却技术必须依靠自主研发 …… 210

案例 4.16　航空动力"心脏病"——航空发动机与传热学的密切关系 … 213

案例 4.17　传热学与国家重大工程及国防建设密切相关 ……………… 217

案例 4.18　神舟十三号发射 ……………………………………………… 220

案例 4.19　CJ1000A高涵道比涡扇发动机 ……………………………… 223

案例 4.20　航班空难警示 ………………………………………………… 226

案例 4.21　川航3U8633航班飞机风挡破裂与机长应急处置 ………… 230

案例 4.22　数学与工程的完美结合 ……………………………………… 233

案例 4.23　某型航空发动机EHM研制过程 …………………………… 237

案例 4.24　结合大气污染开展颗粒受力分析 …………………………… 240

案例 4.25　飞机"心脏病"：压气机失速 ………………………………… 243

案例 4.26　从珠海航展看我国航空发动机发展的机遇与挑战 ………… 246

案例 4.27　从中印边境摩擦中透析高原高寒环境航空压气机研制 …… 249

案例 4.28　C919飞机动力选型背后的故事 ……………………………… 252

第五章　创新思维类 …………………………………………………… 255

案例 5.1　从零输入、零状态响应应看内外统一 ……………………… 256

案例 5.2　海洋盐雾环境下叶片表面腐蚀防护对叶片振动的影响 …… 258

案例 5.3　祥云火炬设计 ………………………………………………… 261

案例 5.4　普朗克定律中蕴含的辩证法思想 …………………………… 263

案例 5.5　从总线技术谈团结合作精神 ………………………………… 266

案例 5.6　飞机吞鸟 ……………………………………………………… 268

案例 5.7　飞机"竹蜻蜓"的前世今生 …………………………………… 271

案例 5.8　氢燃料电池 274
案例 5.9　ARJ21飞机结冰试飞取证 277
案例 5.10　某型发动机主滑油泵抱轴失效故障 279
案例 5.11　大国工匠的故事——航空发动机制造中的高超技艺 281
案例 5.12　能量法求解变截面叶片的频率问题 284

第一章

家国情怀类

案例 1.1

叙说人物故事，讲述航空事业发展

一、思政素材

1. 主题

叙说人物故事，讲述航空事业发展。

2. 内容

教师先叙说中国航空历史人物"中国航空之父"冯如的故事。

作为中国第一位飞机设计师、制造师和飞行家，冯如把毕生精力都献给了祖国的航空事业，他创造了"六个第一"，提出了航空战略理论，给中华民族航空事业和人民空军发展带来了深远影响。

教师继续叙说历史故事——华航西迁。

西北工业大学动力与能源学院奠基人、著名发动机专家、航空教育家王宏基先生毕生致力于航空动力教育与研究，为了祖国的需要，1956年王宏基先生和所有华航（当时的华东航空学院）人毅然决然带着家人奔赴西北，铸就了西北工业大学的华航西迁精神——热爱祖国、顾全大局、艰苦创业、献身航空。

3. 图片

图1-1-1所示为冯如和冯如一号,图1-1-2所示为动力与能源学院简介。

图1-1-1　冯如和冯如一号

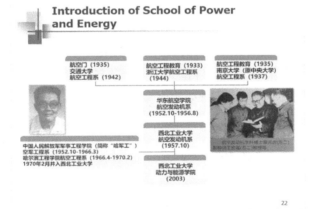

图1-1-2　动力与能源学院简介

二、思政内涵释义

本素材内容与"The Jet Engine"课程第一章"喷气发动机工作原理和我国航空发展史"紧密关联,有助于让学生了解喷气发动机基本结构,掌握基本原理。授课老师结合冯如研制飞机历程,讲述中国航空发展简史,增进学生对航空发动机基本概念和中国航空事业发展史的了解,激发学生对航空事业的崇敬与热爱之情,学习前辈英雄为国奋斗、攻坚克难、自强不息的精神。授课老师结合王宏基等老一辈航空教育和科技工作者的先进事迹，激发学生对航空事业、对西北工业大学、对动力与能源学院的热爱之情，学习华航西迁精神，培育家国情怀。

三、思政元素与教学内容的融合

（1）教师先介绍1903年莱特兄弟首次试飞了世界上第一架飞机"飞行者一号"，然后以视频、图片和文字的形式讲述冯如研制飞机的艰辛历程。冯如发誓：要用毕生的精力为国家研制成飞机，"苟无成，毋宁死！"他克服资金短缺、技术落后等困难，终于在1908年9月21日试飞成功，首飞达到2 640ft（1ft=0.304 8m），比莱特兄弟的首飞纪录还要远1 788 ft。结合冯如研制飞机历程，讲述中国航空发展简史，了解我国航空事业的发展历程，凸显我国空军的发展历程及飞机性能提升，激发学生对航空事业的崇敬与热爱之情，同时学习前辈英雄为国奋斗、攻坚克难、自强不息的精神。

（2）教师以视频、图片和文字的形式介绍动力与能源学院的发展历程。重点结合动力与能源学院奠基历史，隆重介绍王宏基先生等老一代航空教育家、科学家。他们放弃南京的优渥条件，举家西迁至西安。克服经费不足、气候不适应等重重困难，为了祖国的需要，王宏基先生和所有华航人毅然决然奔赴西北，这就是我们的华航西迁精神——热爱祖国、顾全大局、艰苦创业、献身航空。

本案例素材由王治武老师提供

案例 1.2

让战鹰翱翔在数值的天空

一、思政素材

1. 主题

让战鹰翱翔在数值的天空。

2. 内容

张涵信院士用摄动法成功地解决了当时国际上难以解决的钝头体高超声速绕流及其熵层问题，发展了钝头细长体绕流的熵层理论，提出了高超声速流动中第二激波形成的条件。张涵信院士首次提出了判定三维流动分离的数学条件，揭示了涡旋沿其轴向的分叉演化规律及分离流场的拓扑结构规律和飞行器动态稳定性及其分叉演化的判则，发现了三阶色散项和差分解在激波处出现波动的联系，并提出了建立高分辨率差分格式的物理构思，还建立了无波动无自由参数的耗散（NND）差分算法及高精度算法（ENN）。他还建立了云粒子侵蚀、真实气体实验模拟的相似准则，为航天飞行器研制了大量数值计算软件。

3. 图片

图1-2-1为高超声速飞行器流场数值模拟结果,图1-2-2为高速钝头体绕流流场分布。

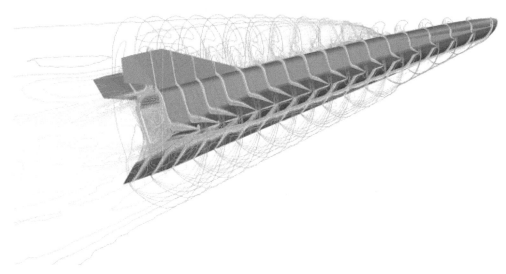

图1-2-1 高超声速飞行器流场数值模拟结果

来源:http://www.tsagi.com/pressroom/expert/3681/

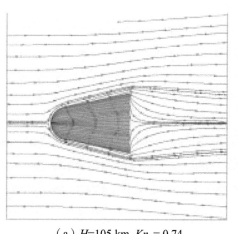 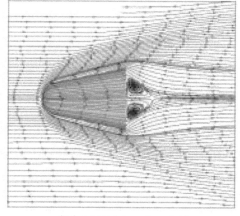

(a) $H=105$ km, $Kn_\infty = 0.74$　　　　(b) $H=70.8$ km, $Kn_\infty = 0.02$

图1-2-2 高速钝头体绕流流场分布

来源:李志辉,梁杰等,跨流域空气动力学模拟方法与返回舱再入气动研究 [J]. 空气动力学学报,2018,VOL.36(5):826-847

二、思政内涵释义

该思政元素来自教学内容本身，该教学内容属于"CFD软件原理及应用"课程中"计算流体力学基础知识"部分，用于讲解计算流体力学应用部分之前。

老师通过向学生展示张涵信院士解决国际上难以解决的钝头体高超声速绕流及其熵层问题，原创NND、ENN系列差分格式，为中国计算流体力学发展奠基的事迹，引导学生了解老一辈科学家攻坚克难时的精神力量，领悟"创新是灵魂，应用是归宿"的爱国情怀，激发学生对老一辈科研工作者的崇敬之情和学习CFD知识的热情。

三、思政元素与教学内容的融合

"计算流体力学基础知识"这一节介绍了计算流体动力学基础知识、应用范围，主要包括计算流体动力学的任务、应用及相关基本知识。老师通过视频、PPT和图片资料介绍张涵信院士开创国内计算流体力学领域的事迹，逐步引入计算流体力学在日常生活和"三航"（航空、航天、航海）领域的应用实例，培养学生航空报国的热情和学习CFD技术的兴趣。同时，老师结合张涵信院士提出的NND、ENN系列差分格式，启发式教导学生从流体力学的基本方程出发，增强对CFD求解过程的认识和理解，深入思考并互动答题，使学生了解计算流体动力学的基本知识和方程的求解算法，掌握CFD软件的求解原理和具体求解过程。

本案例素材由史经纬老师提供

案例 1.3

流动显示技术助力战机研制

一、思政素材

1. 主题

流动显示技术助力战机研制。

2. 内容

1964年,我国开始研制歼-8飞机,这是我国自行设计的第一型高空高速歼击机。顾诵芬院士先作为副总设计师负责歼-8飞机气动设计,后全面主持该机研制工作。在研制过程中,遇到了战机在跨声速飞行试验中出现的因气流分离导致的抖振问题。顾诵芬大胆地提出通过观察歼-8飞机飞行中贴于后机身和尾翼上毛线条的扰动情况来对症下药,他提出要亲自上天观察歼-8飞机后机身流场。经过三次上天近距离观测,顾诵芬承受着巨大的身体负荷,终于找到问题症结,通过后期的技术改进,成功解决了歼-8跨声速飞行时的抖振问题。在顾诵芬院士的带领下,研究人员圆满完成了歼-8飞机研制任务,结束了我国歼击机完全依赖进口的历史。

3. 图片

图1-3-1为战斗机垂尾流动形态丝线显示，图1-3-2为汽车表面流动形态丝线显示。

图1-3-1　战斗机垂尾流动形态丝线显示

来源：https://www.renrendoc.com/paper/ 219379144.html

图1-3-2　汽车表面流动形态丝线显示

来源：https://mt.sohu.com/20170104/n477704932.shtml

二、思政内涵释义

该思政元素来自教学内容本身，该教学内容属于"近现代流动显示与测量技术"课程中"流场显示方法"部分，与丝绒法对应。

教师通过对丝绒法的原理和应用进行介绍，展示顾诵芬院士在研制歼-8战机过程中不顾个人安危亲自上天，通过丝绒法观察并攻克技术难关的事迹，引导学生学习了解老一辈科学家在攻坚克难时冷静分析症结所在、大胆提出解决方法、不畏艰难勇于献身的科研历程。教师让学生一方面体会流动显示技术在解决工程实际中的应用，理论知识如何与实际问题相联系；另一方面对老一辈航空领域的科学家们产生崇敬之情，向他们学习，培养学生航空报国的热情。

三、思政元素与教学内容的融合

"流场显示方法"这一节讲解了近现代流动显示与测量的基本知识、主要测量方法和应用范围，通过介绍国内外与本课程相关的科学家事迹、经典的实验、著名的成功案例等激发学生探索的热情；通过对丝绒法的介绍，结合顾诵芬院士使用丝绒法成功解决歼-8战机研制关键问题的应用实例，培养学生对流动显示与测量技术的兴趣，激发学生将流动显示与测量课程中学到的知识实际应用到科研项目和技术探索中，促使学生主动去解决本专业相关工程问题，增强学生利用理论知识解决实际问题的能力。教师在讲演中，通过展示顾诵芬院士在年近半百时坚持亲力亲为，与试飞员一起将生死置之度外，奋战在科研工作的第一线的事迹，激发学生航空报国的热情，培养学生的荣誉感。

本案例素材由史经纬老师提供

> 案例 1.4

西北工业大学原校长季文美教授的奋斗奉献精神

一、思政素材

1. 主题

西北工业大学原校长季文美教授的奋斗奉献精神。

2. 内容

西北工业大学原校长季文美教授,是著名力学家、航空教育家,他为祖国的航空事业奋斗一生。他心系祖国的大飞机事业,1986年,他联合北京航空航天大学沈元院长、南京航空航天大学张阿周院长、原飞机局胡溪涛局长,向邓小平同志提出了"千方百计研制我国干线飞机"的建议,为国产大飞机事业奠定了历史性基础。他在70岁时入党,写下了"七十入党非可晚,犹可育才三十年"的豪壮诗句。季先生用自己的一生践行了一个力学工作者的航空报国情怀。教师以此激励大学生树立远大理想,秉承西北工业大学"公诚勇毅"校训,弘扬"三实一新"校风,立定报国志向,实现自己的人生价值。

3. 图片

图1-4-1为季文美教授。

图1-4-1　季文美教授为祖国的航空事业奋斗一生

来源：季文美等著.机械振动［M］.北京：科学出版社，1985：668

二、思政内涵释义

季文美教授在70岁时入党，写下了"七十入党非可晚，犹可育才三十年"的豪壮诗句。教师结合季文美教授的经历，激励学生秉承西北工业大学的"公诚勇毅"校训，弘扬"三实一新"校风，为祖国的航空事业奋斗一生。教师通过材料力学基础课程，介绍与航空设计分析非常相关的材料力学知识，使学生打好基础，学习季教授航空报国精神，实现自己的人生价值。

三、思政元素与教学内容的融合

"材料力"学这门课程，大多数理论建立在实验的基础上，主要是对结构的强度、刚度和稳定性进行分析。一个学科的发展、一个理论的提出经过很多人的努力，从不完善到完善。

教师介绍季文美教授长期在交通大学、华东航空学院、西北工业大学从事航空工程教育，曾担任西北工业大学校长和名誉校长、中国航空学会理事长等领导职务，形成了一整套先进的办学理念和教育教学思想，并付诸实践；创建西北西南科技协作中心，对发展中国航空工业也有独到的研究和广泛的影响。

本案例素材由郑伟玲老师提供

案例 1.5

国内外FADEC技术发展历程

一、思政素材

1. 主题

国内外FADEC技术发展历程。

2. 内容

从1939年德国制造的第一台涡轮喷气式飞机试飞以来，国外发动机控制技术从机械液压控制系统(HMC)演变到全权限数字电子控制系统(FADEC)，而国内目前已具备独立设计高性能FADEC的技术能力，现役产品正全面从HMC过渡到FADEC。

3.图片

图1-6-1为FADEC中ECU内部电路板；图1-5-2为FADEC外观；图1-5-3为由FADEC和发动机构成的小型发动机试车台。

图1-5-1　FADEC中的ECU内部电路板

注：图1-5-1至图1-5-3为教师自拍

图1-5-2　FADEC外观

图1-5-3 由FADEC和发动机构成的小型发动机试车台

二、思政内涵释义

该思政元素来自教学内容本身,该教学内容属于"FADEC系统创新设计"课程中"航空发动机数字电子控制系统研发"部分。

目前在FADEC研制方面,国内与国外航空强国相比,在性能、可靠性、可维护性、成熟度等方面还有不小的差距。教师应鼓励学生不做"空头理论家",增强学生的理论联系实际意识,实干兴邦,空谈误国。

三、思政元素与教学内容的融合

教师通过对FADEC发展历程的讲解、分析,并对国内外的发展水平进行对比,使学生了解目前在FADEC研制方面,国内与国外航空强国仍存在较大的差距,促使学生对理论联系实际更加重视,使学生认识到在以后的工作学习中还需提升知识与实践结合的能力,具体问题具体分析,攻坚克难,实现抱负。

本案例素材由彭凯老师提供

第一章 家国情怀类

案例1.6

吕文林老师的故事

一、思政素材

1. 主题

吕文林老师的故事。

2. 内容

西北工业大学动力与能源学院吕文林老师是个普通的老人，他平易近人，是那个时代典型知识分子的代表，具有很多那个时代学者所独有的优秀品质。他出生于旧中国，目睹了那个时代的中国被侵略的动荡历史。他在学生时代立志发奋读书，成绩优异，新中国成立后考入清华大学的航空专业（后来院系调整到北京航空航天大学），研究生毕业后他离开北京来到祖国西部，被分配到当时刚迁校合并不久的西北工业大学。他将学到的知识转化为报效祖国的动力，后来一直在西北工业大学从事科研教学工作，培养了大量的专业人才，并与同事一起开创了西北工业大学航空发动机强度专业。吕老师把毕生经历都奉献给了航空发动机教书育人事业。

3. 图片

图1-6-1为吕老师编写的教材和主编的专著。

图1-6-1 吕老师编写的教材和主编的专著

来源：https://graph.baidu.com/pcpage/similar?carousel=503&entrance=GENERAL&extUiData%5BisLogoSho
w%5D=1&image=http%3A%2F%2Fmms0.baidu.com%2Fit%2Fu%3D3636834558,2768225324%26fm%3D253%26app
%3D138%26f%3DJPEG%3Fw%3D280%26h%3D280&index=5&inspire=general_pc&next=2&originSign=121019
44695917c52500701702645147&page=1&render_type=carousel&session_id=1630574618326264720&sh
ituToken=53f1b8&sign=12101944695917c52500701702645147&srcp=crs_pc_similar&tpl_from=pc

二、思政内涵释义

新中国成立不久，航空工业属于国家的前沿专业，基础十分薄弱，发展前景也未知，但这是国家的急需专业。吕老师首先考虑的不是个人的前途，而是国家的需要，他毅然决然地选择了航空事业。吕老师勇于挑战，迎难而上，将航空发动机事业作为自己的终身事业。很多老专家说"做航空难，做发动机更难"，因为它要出成绩需要几十年的时间，而吕老师就是这样一个能将一件事坚持到底的人。教师通过吕老师的故事激发学生的家国情怀以及勇于挑战、坚持不懈的精神。

三、思政元素与教学内容的融合

在《航空发动机强度分析》第2章介绍轮盘内容时，教师引入吕文林老师的故事。教师主要介绍以下两点：

（1）他编写了《发动机强度计算》教材，该教材十分经典，直到现在，南京航空航天大学、北京航空航天大学、西北工业大学三大院校还在使用。

（2）他退休后主编《航空发动机涡喷、涡扇发动机设计准则（第二册）》，80多岁高龄仍活跃在科研领域，进行各种技术把关，他将毕生精力都奉献给了航空发动机教书育人事业。

本案例素材由唐俊星老师提供

案例1.7

西工大现象

一、思政素材

1. 主题

西工大现象。

2. 内容

近代以来,我国航空发动机从无到有,从引进维修到仿制改进,最后到自主研发,走过了一段曲折的道路。在我国和西北工业大学的航空发展历史进程中,涌现出一大批怀揣航空报国之志的伟大学者。吴大观、师昌绪、吴仲华,享有盛名的"军机三总师"(歼-20总师杨伟、运-20总师唐长红、直-20技术负责人邓景辉),"民机三总师"(ARJ21-700总师陈勇、C919基础型总师韩克岑、CR929总师陈迎春)等是西工大现象的代表。教师通过对西工大现象的讲解,培养学生的家国情怀。

3. 图片

图1-7-1为C919飞机；图1-7-2为ARJ飞机；图1-7-3为歼–10飞机；图1-7-4为运–20飞机。

图1-7-1　C919飞机

来源：https://mbd.baidu.com/newspage/data/dtlandingwise?nid=dt_5071569350662478511&sourceFrom=homepage

图1-7-2　ARJ飞机

来源：https://news.sina.com.cn/c/2020-09-21/doc-iivhvpwy8043884.shtml

图1-7-3　歼–10飞机

来源：https://graph.baidu.com/pcpage/similar?carousel=503&entrance=GENERAL&extUiData%5BisLogoShow%5D=1&image=http%3A%2F%2Fmms0.baidu.com%2Fit%2Fu%3D4244800656,3623495191%26fm%3D253%26app%3D138%26f%3DJPEG%3Fw%3D606%26h%3D304&index=1&inspire=general_pc&next=2&originSign=121f49d6b60a5c9e7df9d01702647190&page=1&render_type=carousel&session_id=959143912584919749&shituToken=861ce5&sign=121f49d6b60a5c9e7df9d01702647190&srcp=crs_pc_similar&tpl_from=pc

图1-7-4　运–20飞机

来源：https://www.163.com/dy/article/H2DS4DNL0552X3D7.html

二、思政内涵释义

教师结合校史校情，讲好中国故事，讲好大师故事。教师启发学生思考想成为怎样的人；启发学生将个人发展与社会发展、国家发展结合起来；鼓励学生掌握先进的科学技术，瞄准国家战略发展方向勇于攀登，使得国家能在日益激烈的国际竞争中占得先机；培养学生成为具有家国情怀、文化自信、道路自信的合格社会主义建设者，为中华民族伟大复兴而奋斗。

三、思政元素与教学内容的融合

我国享有盛名的"军机三总师"（歼-20总师杨伟、运-20总师唐长红、直-20技术负责人邓景辉），"民机三总师"（ARJ21-700总师陈勇、C919基础型总师韩克岑、CR929总师陈迎春），以及"一小班三总师"（歼-20总师杨伟、运-20总师唐长红、某型飞机总师赵霞）、"一个班3位航发制造总经理"（410厂总经理吴联合、420厂总经理丛春义、460厂总经理向传国）和"航天三少帅"中的2位（张庆伟、雷凡培）等均是西工大现象的代表。教师结合西工大现象，激励航空发动机专业的学生将个人发展与社会发展、国家发展结合起来，培养学生成为具有家国情怀、文化自信、道路自信的合格社会主义建设者。

本案例素材由郑伟玲老师提供

案例 1.8

国之利器——高马赫数导弹

一、思政素材

1. 主题

国之利器——高马赫数导弹。

2. 内容

高马赫数导弹面临严重的气动加热和燃烧加热问题，各类被动防热及主动冷却技术是保证导弹结构安全和弹载电子设备正常运行的关键技术。由于导弹是国之利器，关键技术被严密封锁，且随着导弹性能的提升，热防护压力急剧增加，因此我们必须自主突破高马赫数导弹的高效热防护技术，助力保家卫国。

3. 图片

图1-8-1为我国东风-15B型导弹；图1-8-2为鹰击系列反舰导弹；图1-8-3为"大炮上舰"；图1-8-4为热结构超温示意图。

图1-8-1　我国东风-15B型导弹

来源：https://baijiahao.baidu.com/s?id=1769942514157552763&wfr=spider&f

图1-8-2　鹰击系列反舰导弹

来源：https://www.163.com/dy/article/I78ME928055634WY.html

图1-8-3 "大炮上舰"

来源:https://www.sohu.com/a/706442922_120542825

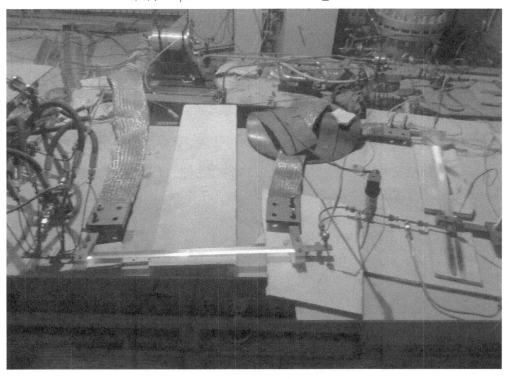

图1-8-4 热结构超温示意图

二、思政内涵释义

该思政元素来自教学内容本身，该教学内容属于"超燃冲压发动机冷却技术简介"课程中的绪论部分。

教师通过介绍超燃/亚燃冲压发动机应用对象，提及台湾地区雄风三型导弹（亚燃冲压发动机动力），回顾台湾问题的起源、发展等一些重要事件。教师联系导弹研发、列装、演习等时间线和重要事件节点，例如1995年、1996年中华人民共和国解放军在东南沿海举行大规模军事演习，当时我海军面临"大炮上舰"的装备短缺困境，通过试射多枚DF-15导弹，一举震慑了"台独"分子的嚣张气焰，维护了国家统一进程，从而展示高马赫数导弹对于国防的重要意义。教师让学生了解冷却技术与国防尖端装备密切相关，强化学生对我国导弹"卡脖子"技术的认识，激发学生学习"超燃冲压发动机冷却技术简介"课程知识的热情以及航空报国的决心。

三、思政元素与教学内容的融合

本素材可用于"超燃冲压发动机冷却技术简介"课程的绪论部分。教师结合海、空军装备发展历程，强调先进冷却技术对于导弹等国之利器的重要意义，与课程内容联系起来，讲授清楚课程内容对国防装备的重要支持作用，激发学生的爱国热情和投身航空航天领域的学习热情，鼓励学生努力打破国际技术封锁，研发自主知识产权高、精、尖武器装备，保家卫国，维护祖国统一。

本案例素材由姜俞光老师提供

案例 1.9

新时代中国风电人的责任担当

一、思政素材

1. 主题

新时代中国风电人的责任担当。

2. 内容

教师播放"中国大工程 第5集 中国风力发电"的视频。教师讲述我国风力发电产业的发展历史、现状与未来趋势:从20世纪80年代末引进国外175 kW机组的风电试验场,到如今拥有世界规模最大的风电装机容量,中国风电走过了一条成功的技术引进—消化吸收—再创新的发展道路,已经开始从陆上走向了海上,并在国际舞台同国外同场竞技,展现了另一张"中国名片"。在这个过程中,中国风电人不惧严寒酷暑、不分昼夜地攻关技术,体现了新时代的责任担当。

3. 图片

图1-9-1为我国风电技术不断突破极限。

图1-9-1　我国风电技术不断突破极限

二、思政内涵释义

本素材内容可与"风力发电技术"课程中的"风能利用发展状况"教学内容进行关联。

教师在教学时可穿插讲述我国风电技术人员的访谈和风电产业发展的故事，让学生们了解我国风电产业和风电技术的发展情况，认识技术进步对风电发展的重要性，让他们知道技术人员是推动风电发展的重要力量，创新是国家发展的灵魂，进而让学生体会到中国风电人吃苦耐劳、埋头苦干的坚韧品质，培养学生的使命感和新时代中国风电人的责任担当。

三、思政元素与教学内容的融合

教师从世界各国最新的风力发电装机容量对比进行导入，让学生首先了解到我国风电在全球的地位，激发学生的自豪感和好奇心，再引入我国风力发电行业和风力发电技术的总体发展历程，让学生认识发展风能的前提、关键和瓶颈问题，了解我国风能资源的分布、影响风力发电品质的因素和大规模发展风力发电所面临的并网问题，使学生在学习过程中认识到风电技术发展路径是由如下三个因素共同推动：国家对"双碳"战略贯彻的内在需求、我国风电资源丰富、未来发展受限于化石能源，以此培养学生建立技术与社会可持续协调发展理念。教师穿插展示中国大工程中风电技术人员的访谈，让学生更深刻认识和直接体会到中国风电起步阶段的筚路蓝缕，风电技术人员对技术创新的执着和对国家使命的担当。

本案例素材由王四季老师提供

案例 1.10

发动机诊断是政治使命

一、思政素材

1. 主题

发动机诊断是政治使命。

2. 内容

◎ **素材一**（来自中国航空发动机集团网站）：

2016年8月28日，中国航空发动机集团在北京市海淀区举行揭牌仪式。

中共中央总书记、国家主席、中央军委主席习近平作出重要指示，"党中央做出组建中国航空发动机集团公司的决策，是从富国强军战略高度出发，对深化国有企业改革、推进航空工业体制改革采取的重大举措。希望你们牢记使命、牢记责任，坚持国家利益至上，坚持军民深度融合发展，坚持实施创新驱动战略，大胆创新，锐意改革，脚踏实地，勇攀高峰，加快实现航空发动机及燃气轮机自主研发和制造生产，为把我国建设成为航空强国而不懈奋斗。"

◎ **素材二**（来自"航空发动机故障诊断"教材）：

航空发动机故障占整个飞行器故障的45%。保安全既是技术难题，也是政治使命！

3. 图片

图1-10-1为中国航空发动机集团挂牌成立；图1-10-2为军机与民机失效形式统计。

图1-10-1　中国航空发动机集团挂牌成立

来源：https://v.qq.com/x/page/t0021cnq73j.html

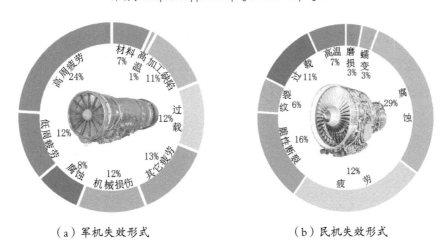

（a）军机失效形式　　　　　　（b）民机失效形式

图1-10-2　军机与民机失效形式统计

来源：王俨剀，廖明夫，丁小飞，航空发动机故障诊断，科学出版社。

二、思政内涵释义

保安全既是技术难题，也是政治使命！我们需要从科学观的高度认识这个问题。

(1) 故障诊断难，需要坚定的信念和必胜的决心来支撑。

(2) 故障诊断苦，需要正确的价值观和人生观来指引。

(3) 故障诊断技术新，变革快，需要改革的魄力与攻坚克难的思想准备。

本素材内容与"航空发动机故障诊断"课程中的"绪论"教学内容进行关联。

教师穿插介绍航空发动机故障的案例，让学生认识到飞行员是冒着生命危险在工作，进而体会到中国人民解放军大无畏的奉献精神，培养学生使命感、时代担当和责任。

三、思政元素与教学内容的融合

本案例可以应用在"航空发动机故障诊断"课程第一节绪论。在课程思政融入方法上，教师开篇明义，直接抛出问题，启发学生思考课程思政在专业课程中的作用，具体的实施过程为，结合提问，小组讨论，最后教师总结的形式。教师通过视频、图片等资料展示发动机故障率分布图，凸显我国空军的发展历程及飞机性能提升，激发学生的爱国热情和投身航空领域的热情，增强学生的历史责任感。教师引导学生自觉利用熟知的思维观和科学观深入思考，形成积极向上的人生观、乐于奉献的价值观、爱岗敬业的职业观以及为国家和人民服务的社会观。

本案例素材由王俨剀老师提供

> 案例 1.11

传热学在国防利器导弹中的应用

一、思政素材

1. 主题

传热学在国防利器导弹中的应用。

2. 内容

教师介绍导弹对于国防的重要意义，尤其是在20世纪后半叶，我国海、空军相对较弱的情况下，我国第二炮兵部队的导弹杀器形成了非对称优势，有着极其重要的战略和战术意义。例如1995年、1996年我解放军在东南沿海举行大规模军事演习，试射多枚DF-15导弹，一举震慑了"台独"分子的嚣张气焰，维护了国家统一。而不论是涡轮发动机、火箭发动机，还是冲压发动机驱动的导弹，燃烧室温度都超过了当前金属材料耐温极限，而且高马赫数导弹（如DF-17）还面临着严重的气动加热，通常需要各类隔热设计以及主动冷却技术来保证导弹结构安全和弹载电子设备正常运行。导弹是国防利器，关键技术被严密封锁，因此我们必须自主突破高效热防护问题，而要解决这一"卡脖子"问题的指导理论就是"传热学"这门课中讲授的理论。

3. 图片

图1-11-1为DF-15导弹；图1-11-2为DF-17导弹。

图1-11-1 DF-15导弹

来源：https://baijiahao.baidu.com/s?id=1769942514157552763&wfr=spider&for=pc

图1-11-2 DF-17导弹

来源：https://www.163.com/dy/article/I4H7H61B05561JFA.html

二、思政内涵释义

教师让学生了解传热学与国防尖端装备密切相关,强化学生对我国导弹"卡脖子"技术的认识,激发学生学习传热学专业知识的热情以及航空报国的决心。

教师从DF-15导弹出发,介绍导弹的主要构成、分类和用途,并提出问题:DF-15使用固体火箭发动机,其热防护有何特点?短程导弹热防护有何特点?学生在互动答题的过程中,通过分析建立导弹的基本概念,并结合导弹发展历程,了解我国导弹事业的发展历程。教师重点介绍我国第二炮兵/火箭军的发展历程,激发学生的爱国热情和投身航空航天领域的热情。

三、思政元素与教学内容的融合

本素材可用于飞行器动力工程专业、能源与动力工程专业的核心课"传热学"课程的绪论部分的教学环节,也可用于导热、对流传热、辐射传热等专项内容部分的教学环节。

教师首先由"传热学"课程内容应用领域引出导弹这一重要的应用对象,介绍导弹对于国防的重要意义,尤其是在20世纪后半叶,我国海、空军相对较弱的情况下,我国第二炮兵部队的导弹杀器形成了非对称优势,有着极其重要的战略和战术意义。例如1995年、1996年我解放军在东南沿海举行大规模军事演习,试射多枚DF-15导弹,一举震慑了"台独"分子的嚣张气焰,维护了国家统一。思政内容导入点较多,比如固体燃料导弹通常采用被动热防护技术,整个飞行过程中热壁是一个非稳态导热过程;液体火箭/冲压发动机驱动的导弹通常采用液体燃料主动冷却技术,涉及对流传热知识;而导弹发动机和电子设备之间的隔热通常还会使用反射率极高的防辐射材料,隔绝发动机的热辐射,与辐射换热部分知识紧密相关。导弹是国防利器,关键技术被严密封锁,因此我们必须自主突破高效热防护问题,而要解决这一"卡脖子"问题的指导理论就是"传热学"这门课中讲授的理论。

本案例素材由姜俞光老师提供

案例 1.12

中国航空发动机测试技术的发展历程

一、思政素材

1. 主题

中国航空发动机测试技术的发展历程。

2. 内容

教师介绍航空发动机试验测试技术发展和航空发动机试验设施建设的艰辛历程，讲述几代航空人面临国家重大需求，扎根艰苦的生产生活环境，努力奋斗，创新发展的奋斗精神。

为了适应航空发动机技术的发展需求，我国需要投入巨额资金建立规模庞大的试验基地和高水平试验设备。我国在20世纪60年代陆续开始航空发动机试验和测试设施的建设，受国力和国际环境限制，举步维艰。在艰苦发展中，我国陆续建立起完善的试验体系，航空发动机试验设备数量和模拟范围能够满足所有型号发动机和先进概念验证的试验需求，涉及气动、热力、高低周疲劳、结冰、吞水等试验。

其间，我国航空事业建设者既有对科学技术的不懈追求，也有对国家和民族发展的强烈使命感和奉献精神，值得永远铭记。

3. 图片

图1-12-1为航空发动机试验台建设。

图1-12-1　航空发动机试验台建设（20世纪70年代）
来源：https://www.zhihu.com/question/267885115?utm_id=0

二、思政内涵释义

本素材内容与"先进传热测试技术"课程中"测试技术发展"的教学内容进行关联。

几代航空人在国家处于严酷的国际环境和艰难的经济条件下，立足国家需要，献身行业发展，在专业领域和国防建设中作出卓越贡献。教师引导学生将个人发展与国家需要紧密结合，在各种环境下都能够坚定发展与创新的意志。

三、思政元素与教学内容的融合

教师讲解航空发动机测试和试验技术的发展，介绍航空发动机试验技术的地位和发展，适时引入本案例内容。发动机测试与常规测试工作相比具有其特殊性，测试系统与发动机之间的相互作用可能对测试数据的准确度产生较大影响。研究人员需要将发动机测试技术与发动机试验技术、发动机性能评价技术结合起来进行综合研究。加速航空发动机试验测试技术发展，对于提升中国航空发动机发展水平意义重大，我国已逐步突破关键技术，建立较为完善的航空发动机试验测试体系。在思政元素引入的过程中，教师要注重培养学生的家国情怀。

本案例素材由郭涛老师提供

案例 1.13

中国航空发动机高空试车台的发展历程

一、思政素材

1. 主题

中国航空发动机高空试车台的发展历程。

2. 内容

教师介绍航空发动机试验测试技术,尤其是中国高空试车台发展的艰辛历程,讲述几代航空人面向国家重大需求,扎根艰苦的生产生活环境,努力奋斗,创新发展的奋斗精神。

航空涡轮喷气和涡轮风扇发动机通用规范要求,在飞行前规定试验中必须进行高空试验,在定型试车中也必须进行高空试验。我国高空台于1995年建成并通过国家验收,对航空动力的发展起到了极大的推动作用。它的建成和投入使用使我国成为继美、俄、英、法四国之后第五个拥有此类大型试验设施的国家,标志着我国具备了自行研制航空发动机的条件和能力。

我国在四川绵阳新建了更大规模的高空台,满足大推力、大涵道比涡扇发动机的测试需求。

3. 图片

图1-13-1为航空发动机在高空台内安装；图1-13-2为高空台全貌。

图1-13-1　航空发动机在高空台内安装

来源：https://www.zhihu.com/question/267885115?utm_id=0

图1-13-2　高空台全貌

来源：https://www.zhihu.com/question/267885115?utm_id=0

二、思政内涵释义

本素材内容与"先进传热测试技术"课程中"测试技术发展"的教学内容进行关联。

几代航空人在国家处于严酷的国际环境和艰难的经济条件下,立足国家需要,献身行业发展,在专业领域和国防建设中作出卓越贡献。教师引导学生将个人发展与国家需要紧密结合,在各种环境下都能够坚定发展与创新的意志。

三、思政元素与教学内容的融合

教师讲解航空发动机测试和实验技术的发展,介绍高空实验设备的地位和发展,适时引入本案例内容。

在我国,高空台未建成时,航空发动机高空试验主要在飞行试车台上进行,但是飞行试车台试验范围窄、机动能力差、风险大,有些试验项目无法完成,也难以满足喷气发动机的发展需要。

我国某型试车台攻克了三级串并联抽气、大型快速降温排气冷却系统、高空试验舱、自动数据采集与处理系统、总体联合调试和运行试验技术等十多项关键技术。它的研制成功,使我国成为继美、俄、英、法后拥有高空试车台的国家。

本案例素材由郭涛老师提供

案例 1.14

试飞员大无畏的奉献精神

一、思政素材

1. 主题

试飞员大无畏的奉献精神。

2. 内容

教师播放飞机从正常飞行状态到边界层分离导致不稳定再到严重失速急速下降的视频。教师讲述ARJ21试飞员赵明禹的故事：2012年12月27日，新支线失速局方审定试飞圆满完成时，新支线3个阶段失速试飞累计完成180架次，飞机累计进入失速边界6 000多次。失速试飞是所有试飞科目中最危险的三大试飞科目之一。试飞员和试飞工程师是冒着生命危险在工作，是"刀锋上的舞者"。

3. 图片

图1-14-1为关于试飞员赵明禹的新闻报道。

图1-14-1　关于试飞员赵明禹的新闻报道

来源：https://www.cdstm.cn/frontier/jskj/201405/t20140527_296825.html

二、思政内涵释义

本素材内容与"流体力学基础"课程中的"边界层分离"教学内容进行关联。

教师穿插介绍试飞员和试飞工程师进行失速工况试飞的故事，让学生们了解失速试飞的危险性，认识试飞员和试飞工程师是冒着生命危险在工作，是"刀锋上的舞者"，进而体会试飞员和试飞工程师大无畏的奉献精神，培养学生家的国情怀、使命感、担当和责任。

三、思政元素与教学内容的融合

教师从机翼边界层失速后导致飞机急速下降的现象导入，让学生首先从感性认识层面了解边界层分离的危害，引起对这种物理现象学习的兴趣，进而引入理论知识，通过理论知识的学习让学生认识到这种物理现象通过合理的设计和正确的操作是可以消除和避免的，使得学习过程从感性认识上升到理论认识，进而再落脚到具体的工程应用，穿插介绍试飞员的试飞故事。为了探明飞机的安全飞行包线，试飞员要主动地让飞机进入失速边界。飞机一旦失速是非常危险的，教师让学生体会试飞员和试飞工程师是冒着生命危险在工作，进而体会试飞员和试飞工程师大无畏的奉献精神。

本案例素材由张丽芬老师提供

案例 1.15

超声速飞行器——国之重器

一、思政素材

1. 主题

超声速飞行器——国之重器。

2. 内容

超声速边界层流动控制在超声速飞行器的研制中具有决定性的影响,更是世界各国相互封锁的顶级机密技术之一。教师介绍超声速边界层流动控制的创新成果,从政策解读、理论研讨、科技创新等多角度引导学生对超声速流动控制的重要性进行思考,激发学生的学习热情,为助力实现科技强军目标,实现军事高水平科技自立自强贡献力量。

3. 图片

图1-15-1为高超声速飞行器。

图1-15-1　高超声速飞行器

来源：https://baijiahao.baidu.com/s?id=1769847603109652787&wfr=spider&for=pc

二、思政内涵释义

本素材内容与"流体力学基础"课程中的"边界层"教学内容进行关联。

教师通过视频、图片等资料展示超声速流动控制在国防军工应用中的重要性，让学生了解我国超声速飞行器研究事业的发展历程，激发学生的爱国热情和投身超声速飞行器研究的热情。通过专业课程教学，教师使学生在掌握超声速边界层流动控制技术的同时，实现思维能力和科学素质方面的共同提升。

三、思政元素与教学内容的融合

教师从"强军报国"战略引出关注点——我国空军从传统空军向空天一体力量

转变中关键问题之一——超声速边界层流动控制。教师通过展示国内外的超声速飞行器发展历程，引出一些问题：超声速飞行器研制有何重要性？超声速飞行器研制的难点是什么？学生在互动答题的过程中分析建立超声速边界层流动的基本概念，结合空军武器装备发展的历程，了解我国超声速飞行器研制的发展历程。教师重点介绍我国实现"空天一体、攻防兼备"战略的决心，激发学生的爱国热情。

本案例素材由严红老师提供

案例 1.16

"卡门-钱"公式与流动相似性

一、思政素材

1. 主题

"卡门-钱"公式与流动相似性。

2. 内容

我国著名科学家钱学森，28岁时与其导师冯·卡门共同完成了"卡门-钱"公式。这是以中国人姓名写入教科书的气动理论研究成果，也是当时空气动力学领域的一项重大成果。他建立了亚声速流动中与计算压缩性对物体表面压力系数影响的公式，使得低速计算或风洞、水洞的实验结果能够修正用于相似的高速流动中物面的压力系数，推动了美国喷气推进实验室第一代火箭研制。回国后钱学森先后从事空气动力学、系统科学，提出了工程控制论，他被称为中国的"导弹之父"。

3. 图片

图1-16-1为钱学森的超声速相似性公式；图1-16-2为钱学森及其涉足的众多研究领域。

图1-16-1 钱学森的超声速相似性公式

来源：https://history.sohu.com/a/467974781_120790399

图1-16-2 钱学森及其涉足的众多研究领域

https://baike.baidu.com/item/%E9%92%B1%E5%AD%A6%E6%A3%AE/26105

二、思政内涵释义

该素材与相似理论、非线性失稳理论相关，对于流体力学中的相似率研究、流动线性化研究具有重要借鉴意义。

在流动相似性方面，钱学森提出了可压缩流动与不可流动压力系数和升力系数的相关性参数。他给出了低速流动实验结果与高速流动压力、升力之间的换算方法。他充分诠释了相似性参数的重要意义。钱学森、罗时钧（西北工业大学原副校长）都是新中国成立初期放弃国外优厚待遇毅然回国，服务于新中国航空航天事业的伟大科学家。在流体力学、空气动力学研究领域内作出过巨大贡献。他们的加入对新中国航空航天工业从无到有、从有到强，发挥了重要作用。

教师通过对"卡门-钱"公式和钱学森事迹的介绍，引导学生学习专业知识时，要从实际需求出发，把专业理论与数学知识结合，发挥创新思维能力，突破传统理论。另外，学生要学习科学家的爱国精神、家国情怀，为祖国国防事业强大奋发学习。

三、思政元素与教学内容的融合

在相似参数雷诺数这一节，教师可以以此导入黏性流动相似参数——雷诺数的概念；在边界层微分方程推导这一节，教师也可以引用这一事例。在流动失稳由层流转为湍流、非线性失稳问题的线性化方法等教学内容中，教师可以引入"卡门-钱"公式，引导学生开阔思路、创新思维。

教师通过钱学森一生涉足的多个研究领域，如"两弹一星"的研制和试验、火箭助推起飞装置、火箭旅客飞机概念和关于核火箭的设想等，帮助学生理解流体力学、气体动力学在航空、航天领域的重要应用价值，提升学生学习兴趣。

在爱国主义教育、献身祖国航空事业方面，教师引用钱学森的故事教育学生立足祖国大地，奉献航空航天事业，把个人荣辱与祖国发展紧密联系起来。

在价值观塑造方面，教师通过钱学森从美国毅然回到当时百废待兴的中国从事国防研究工作的人生经历，教育学生淡看优越的生活条件，注重国家兴旺发达与个人价值实现之间的关联。

本案例素材由杨青真老师提供

案例 1.17

《逐梦蓝天》

一、思政素材

1. 主题

《逐梦蓝天》。

2. 内容

《逐梦蓝天》是中央一套曾经热播的电视剧,讲述了新中国成立初期我国航空工业刚刚起步,从边修飞机边了解飞机结构,到仿制苏联飞机,再到独立自主设计出我们自己的飞机的光辉历程。该剧通过三代航空人的故事,全景式地展现了新中国成立70年来中国航空工业发展的过程,靠着一代代航空人的努力和奉献,才有了我们国家航空工业的持续发展。

3. 图片

图1-17-1为多级轴流压气机结构；图1-17-2为多级轴流压气机转子及可调静子叶片。

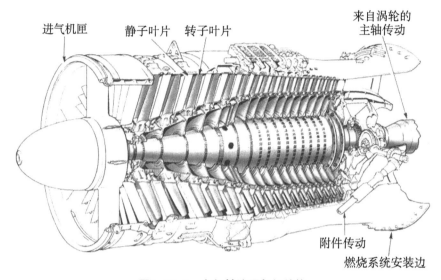

图1-17-1 多级轴流压气机结构

来源：https://www.zhihu.com/question/402393970

来源：https://m.sohu.com/a/226300275_100131689/

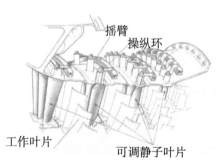

来源：https://www.163.com/dy/article/IAU4HQB905539IG6.html

图1-17-2 多级轴流压气机转子及可调静子叶片

二、思政内涵释义

该素材内容与"航空发动机结构分析"课程中"压气机"内容相关联。

教师通过电视剧《逐梦蓝天》的引入,激发学生的学习兴趣,在学习课程知识的同时,感受航空事业前人身上有国才有家的大爱之情,感受航空人"什么也不说,祖国知道我"的无私奉献、不图名利的高尚品质,感受航空人"航空报国、航空兴国、航空强国"的热血之情,感受航空人"国之重器,以命铸之"的豪迈之情,激发学生们的爱国情怀,鼓励学生们投身国防事业。

三、思政元素与教学内容的融合

"压气机"这一节,是对航空发动机五大部件之一的压气机进行学习,学生要掌握压气机的作用、类型、轴流式组成部分、压气机的工作原理、压气机的主要参数和压气机的喘振等基本知识,对航空发动机的压气机要有一定程度的认识。

教师通过影视剧让学生了解我国航空工业的发展历程,进而介绍我国航空发动机的发展历程,与此同时,重点介绍航空发动机中的重要部件——压气机。教师和同学们互动交流,探讨压气机的主要类型有哪些,通过展示轴流式压气机的剖面图探讨压气机相关问题,如:轴流式压气机的主要组成部分是什么?他们各自的主要作用是什么?如:压气机的工作原理是什么?压气机的主要参数有哪些?什么是压气机的喘振?……,教师通过介绍压气机的相关知识,为学生建立起压气机的概念,帮助他们掌握相关知识点,激发投身航空事业的热情。

本案例素材由郑龙席老师提供

案例 1.18

抗美援朝，保家卫国

一、思政素材

1. 主题

抗美援朝，保家卫国。

2. 内容

《长津湖》是一部史诗级的影片，讲述的是志愿军战士在抗美援朝战争中英勇作战、保家卫国的故事。电影中令人印象深刻的画面数不胜数。抗美援朝战争时，直升机首次应用在战争中，直升机的动力来自涡轴发动机。教师要让学生认识到当时我国与美国航空工业的差距，同时学习伟大的抗美援朝精神，激发学生的爱国精神。

3. 图片

图1-18-1为朝鲜战争时期美军的运输直升机。

图1-18-1　朝鲜战争时期美军的运输直升机

来源：https://k.sina.com.cn/article_7517400647_1c0126e4705901iys6.html

二、思政内涵释义

该素材内容与"航空发动机结构分析"课程中"涡轮轴发动机"内容相关联。

教师从电影片段"美军高级将领乘坐H-5直升机在长津湖地区进行低空侦察，在下碣隅里机场利用直升机进行伤员的运输和士兵的撤退"中引出关注点，在我国航空工业还未起步的阶段，美军的直升机已经投入战场，让学生感受当时中国人民志愿军和在以美帝国主义为首的多国联军在武器装备水平上的巨大差距，让学生们切身感受志愿军战士的伟大。教师由美军H-5直升机引出本节课程的主题——涡轴发动机，向学生们介绍涡轴发动机的工作原理、主要参数、工作特点，结合我国直升机工业的发展，展示我国涡轴发动机的发展历程，从涡轴发动机的角度了解我国航空事业的发展历程，凸显我国直升机的性能提升，和学生共同感受我国航空工业从无到有的发展历程的艰辛和喜悦。教师介绍俄罗斯、美国和欧洲其他国家的直升机工业水平和发展情况，探讨未来直升机发展趋势，激发同学们投身航空工业的热情。

三、思政元素与教学内容的融合

"涡轴发动机"这一节，是对航空燃气涡轮发动机的主要类型之一涡轴发动机进行学习。通过课程的学习，教师让同学们对涡轴发动机的工作原理、主要参数、工作特点有一定程度的理解。教师通过对涡轴发动机发展过程的学习，让学生从直升机的角度了解我国航空工业的发展历程。教师通过《长津湖》电影片段的引入，带领学生们回顾70年前那场伟大的战争，通过直升机和涡轴发动机图片、视频等资料的展示，让学生们学习涡轴发动机的相关知识，深入了解我国航空工业的发展过程。同时，课程中教师也带领学生们了解国外相关技术的发展水平和武器装备水平，让学生们保持清醒的头脑，引导学生投身我国航空工业，在学习专业知识的同时也培养学生们的爱国主义情怀。

本案例素材由郑龙席老师提供

案例 1.19

珠海航展

一、思政素材

1. 主题

珠海航展。

2. 内容

2021年9月28日，第十三届中国国际航空航天博览会在珠海国际航展中心开幕。本次航展上亮相的歼-10、歼-16D、空警-500预警机、教-10教练机、AG600水陆两栖飞机、彩虹-6无人机等让我们为之兴奋，当然备受瞩目的歼-20也亮相本次航展。教师通过我国第五代战斗机隐身战斗机歼-20导入，从尾喷管对飞机隐身的角度出发，介绍飞机发动机尾喷管的相关知识、发展历程和未来发展方向。

3. 图片

图1-19-1为航空发动机三维矢量喷口；图1-19-2为收扩喷管和收敛喷管。

图1-19-1　航空发动机三维矢量喷口

来源：https://k.sina.cn/article_6377018056_17c1992c800100bdp2.html?wm=13500_0055&vt=4

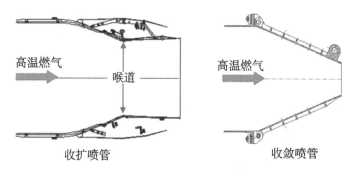

图1-19-2　收扩喷管和收敛喷管

来源：https://kknews.cc/zh-cn/military/5mezmx2.html

二、思政内涵释义

本素材内容与"航空发动机结构分析"课程中"尾喷管"内容相关联。

教师从珠海航展歼-20的飞行表演视频开始引出本课程，通过展示我国的第五代隐身战斗机，向学生们介绍隐身战斗机的主要特点，并拓展到飞机的红外隐身，通过展示国内外隐身战斗机的尾喷管,提出问题:尾喷管有什么作用?尾喷管可以分为哪些类型?尾喷管的主要性能参数是什么?为了使发动机有更好的性能和满足未来战术需要,近年来发动机尾喷管有什么新的发展?什么是推力矢量尾喷管?教师通过图片、视频等多种材料的展示,让学生对发动机尾喷管有基本的认识,了解未来战斗机尾喷管的发展趋势,结合我国战斗机的发展历程,展示我国空军飞机性能的提升,激发学生的爱国热情和民族自豪感。

三、思政元素与教学内容的融合

"尾喷管"这一节,是对航空发动机五大部件之一的尾喷管进行学习,让学生们掌握航空发动机尾喷管的作用、类型和主要参数。教师通过珠海航展的引入,激发学生的学习兴趣;通过图片、视频等多种材料的展示,让学生对发动机尾喷管有基本的认识;教师结合我国战斗机的发展历程,展示我国空军飞机性能的提升;教师通过比较现役国内外五代战斗机的尾喷管,让学生了解未来战斗机尾喷管的发展趋势。虽然我国是世界上少数几个能够成功研制五代战斗机的国家,但航空发动机水平与世界领先水平还有比较大的差距,教师应以此激发学生投身航空领域的热情以及爱国之情。

本案例素材由郑龙席老师提供

案例 1.20

航空发动机的变迁

一、思政素材

1. 主题

航空发动机的变迁。

2. 内容

教师通过惠特尔和奥海因研制涡喷发动机的历史故事，激发学生的兴趣，并结合其研制历程介绍涡喷发动机的主要结构组成，分析从活塞发动机到喷气发动机工作原理的变化，让学生理解涡喷发动机相对于活塞发动机的革命性变化。教师介绍我国航空发动机的发展历程，即从早期涡喷-5到涡喷-8发动机，以修理仿制为主，再到后期的涡喷-13和涡扇-9发动机，从仿制走向自行研制阶段，然后到涡喷-14、涡扇-10等发动机，从自行研制走向建立自己的核心研发体系这一过程。

3. 图片

图1-20-1为航空燃气涡轮发动机的诞生；图1-20-2为中国航空发动机发展历程。

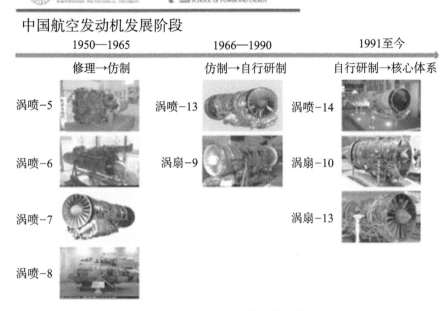

图1-20-1　航空燃气涡轮发动机的诞生

图1-20-2　中国航空发动机发展历程

二、思政内涵释义

本素材可与"航空发动机结构分析"中的"发动机的发展历程"进行关联。

教师从活塞发动机出发,介绍涡喷发动机的研制过程、涡喷发动机的结构特点以及涡喷发动机相对于活塞发动机的变革。教师介绍我国航空发动机从早期以修理仿制为主,到后期的从仿制走向自行研制,再到目前从自行研制走向建立自己的核心研发体系这一过程。教师在介绍过程中,穿插介绍一些典型发动机研发过程中遇到的挫折和故事,激发学生对航空事业的崇敬与热爱之情,强调在航空发动机研制过程中艰苦奋斗、自力更生精神的重要性。

三、思政元素与教学内容的融合

"航空发动机发展历程"这一节主要结合历史故事的介绍,让学生了解涡喷发动机的研制历程,掌握涡喷发动机的结构特点。教师讲述我国航空发动机发展史,让学生体验到我国航空工业尤其是航空发动机发展到今天的水平实属不易。但我国仍和欧美等国有较大的差距,教师要让学生明白艰苦奋斗、自力更生的重要性,深刻理解核心技术是买不来的,只能靠一代又一代的航空人为我国航空发动机事业的不懈奋斗,教师应以此激发学生航空报国的爱国主义情怀,引导学生注意在后续的学习工作中注重创新。

本案例素材由郑龙席老师提供

案例 1.21

《中国战机——歼-8奋飞》

一、思政素材

1. 主题

《中国战机——歼-8奋飞》。

2. 内容

纪录片《中国战机——歼-8奋飞》讲述了新中国真正意义上第一款自行研制先进战机歼-8的故事，回顾中国航空工业从"仿制时代"迈向"自研时代"的历史，重现几代科研人攻坚克难的光辉岁月。教师通过歼-8战机的研制和发展过程，让学生了解歼-8中装配发动机的发展过程，以及航空发动机对于飞机的重要性。

3. 图片

图1-21-1为歼-8飞机。

图1-21-1　歼-8飞机

来源：https://www.163.com/dy/article/I51LUJQD0553WSRW.html

二、思政内涵释义

本素材可与"航空发动机结构分析"中的"典型发动机"教学内容进行关联。

从电影镜头引出关注点——航空发动机的主要部件：压气机、燃烧室、涡轮、尾喷管等。然后，教师通过展示航空发动机剖面图提出问题：发动机各个大部件的结构和功用是什么？航空发动机对进气性能、气体流动、排气性能和结构等方面的要求是什么？学生在互动答题的过程中学习各个部件的基本知识。结合航空发动机的发展历程，教师让学生了解我国航空事业的发展历程，重点介绍我国空军的发展历程及发动机性能提升，激发学生的爱国热情和投身航空领域的热情。

三、思政元素与教学内容的融合

"航空发动机结构分析"第二章"典型发动机"，主要介绍不同类型航空发动机的基本结构和发展情况,并介绍我国航空发动机的发展历程。教师通过电视剧的片段和相关的图片等资料展示某型发动机剖面图。使学生了解当时我国研制一款战斗机所遇到的困难以及我国航空工业发展的艰难之路,使学生更好地了解我国航空工业的现状,培养学生从事航空发动机研制的兴趣,激发学生的民族自信心以及对航空事业的崇敬与热爱之情。

本案例素材由赵明老师提供

案例 1.22

大国重器
——航空发动机高空模拟试车台的故事

一、思政素材

1. 主题

大国重器——航空发动机高空模拟试车台的故事。

2. 内容

高空台全称为航空发动机高空模拟试车台,是可以在地面模拟航空发动机空中工作环境条件,并获取发动机高空性能和特性等实验数据的大型实验设备。高空台是先进航空发动机自主研发过程中必不可少的一个关键装备,也就是说,一个没有高空台的国家,是不可能独立自主研制出高性能发动机的。

中国高空台的起步与研究并不晚,早在20世纪50年代末,我国就开始了高空台的建设,当时是与苏联合作,但无奈后来中苏关系恶化,苏联中断了技术支持,从此中国开始独立研究,1965年,选定在四川北部秦岭山区建设我国第一个高空台。老一辈建设者不畏艰难,历经30年奋斗,终于在1995年建成,通过国家验收并使用。从这个时间跨度,我们可以看出高空台建设难度之大。之后我国在1号高空台的基础上,又研发建造了2号高空舱,此外为了满足涡轴涡桨发动机研制需求,又建立了新的高空台。

3. 图片

图1-22-1为我国自行研制的SB101高空台建设场景；图1-22-2为我国SB101高空台试验舱。

图1-22-1　我国自行研制的SB101高空台建设场景

来源：https://www.zhihu.com/question/267885115?utm_id=0

图1-22-2　我国SB101高空台试验舱

来源：https://www.zhihu.com/question/267885115? utm_id=0

二、思政内涵释义

该思政元素可以作为航空发动机原理、叶轮机械原理、离心压气机原理概述部分的内容引入。

教师讲述中国故事,在潜移默化中培育学生的爱国情怀和民族自豪感,让学生真切地感受到一个创新强国、研发强国、责任强国,深刻地意识到自己身处一个伟大的、全新的时代,同时又是充满机遇和挑战的时代。教师注意挖掘重大工程背后的人物故事,让学生认识到在未来的工作中,要像重大工程背后的"中国梦"的创造者那样,以更强的动力投入学习和工作中,努力成为这个时代中一名坚定的奋斗者和奉献者。

三、思政元素与教学内容的融合

教师介绍国家重大工程、大国重器故事——航空发动机高空模拟试车台,以中国故事将专业与育人相结合,厚植家国情怀,使其具有时代性。

教师通过视频、图片等资料展示航空发动机高空模拟试车台的重要性、建设过程中的困难,挖掘背后的人物故事。教师通过大国工程实例,使学生掌握航空发动机性能需求、性能参数等概念。教师培养学生具有扎实专业基础知识的同时,实现价值塑造,教师激发学生的爱国热情和家国情怀,引导学生树立社会主义核心价值观和爱国主义精神。激发学生为国家学习、为民族学习的热情和动力,帮助其在创造社会价值过程中明确自身价值和定位,敢于挑战高峰,鼓励学生要有工匠精神、奉献精神,不畏艰辛,踏实钻研。

本案例素材由王昊老师提供

案例1.23

王宏基先生的事迹与精神

一、思政素材

1. 主题

王宏基先生的事迹与精神。

2. 内容

教师讲述王宏基先生在航空事业上所作的贡献,介绍王宏基先生事迹:他编著《内燃机》与《航空叶轮机原理》等教材,创建西北工业大学喷气发动机试车台,在航空领域的科研成果卓著,对祖国的航空事业一片赤诚,作出了很大贡献。本案例展现老一辈航空人为我国航空事业专业建设和科学研究方面倾尽一切的奉献精神,激发学生对航空领域的向往与热爱。

3. 图片

图1-23-1为王宏基教授与同志们在一起指导博士研究生。

图1-23-1　王宏基教授（左二）与同志们在一起指导博士研究生

来源：https://baijiahao.baidu.com/s?id=16950774777731856112&wfr=spider&for=pc

二、思政内涵释义

本素材内容与"叶轮机械原理"课程中的"叶片机的概念及分类"教学内容关联。

教师通过讲述当时国内由于经济条件以及缺乏相应人才的限制，老一辈研究人员所需要克服的种种困难，并从中挖掘王宏基先生的优秀品质，如在困难时期虽受到严重冲击，但他克服重重困难，积极参加《轴流压气机气动设计》的翻译工作，最终该书受到广泛好评。在介绍过程中，教师通过与过去所遇到的困难做对比，让学生了解我国航空事业的发展历史，凸显我国航空事业的高速发展，增强同学们对我国航空事业的自信心，激发学生对航空事业的热情。

三、思政元素与教学内容的融合

在讲授"叶片机的概念及分类"这一节中，首先，教师介绍叶轮机械广泛应用于国民经济各个领域，例如日常生活常见的电风扇及工业生产中的水轮机、航空发动机中的压气机及涡轮等，突出叶片机的重要性。然后，教师介绍王宏基先生编著《航空叶片机原理》等典型事迹，来展现他对我国航空教育事业的重大贡献和深沉的爱国情怀。最后，通过"叶片机的概念及分类"的教学，使学生在了解不同叶轮机械分类、应用的同时，教师也用老一代科学家的奉献精神激励学生的爱国主义精神，树立为中华民族伟大复兴贡献自己力量的远大理想。

本案例素材由高丽敏老师提供

案例 1.24

歼-20研制团队的奉献精神

一、思政素材

1. 主题

歼-20研制团队的奉献精神。

2. 内容

教师讲述我国战斗机和航空发动机的发展历程,介绍中国自主研制的第五代战斗机歼-20,从歼-20引出关注点——航空发动机核心部件中的压气机、涡轮均为叶轮机械。歼-20的研制成功锤炼了一支爱党爱国的研制队伍,该研制队伍中拥有报国情怀、创新精神的优秀青年是航空事业未来发展的生力军。

3. 图片

图1-24-1为新型战斗机；图1-24-2为涡扇发动机结构示意图。

图1-24-1　新型战斗机

来源：https://www.163.com/dy/article/IBQB9S9L05530S2U.html

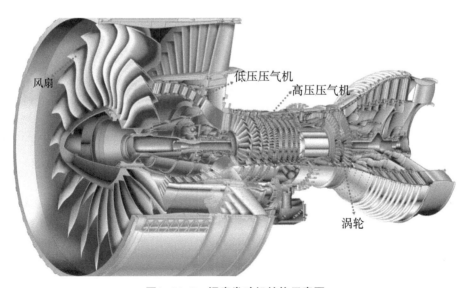

图1-24-2　涡扇发动机结构示意图

来源：https://baijiahao.baidu.com/s?id=1768952589228092097&wfr=spider&for=pc

二、思政内涵释义

本素材内容与"叶轮机械原理"课程中的"叶片机在航空发动机上的应用"教学内容关联。

教师通过讲述我国航空人在歼-20研制过程中勇挑最重的"担子",敢啃最硬的"骨头",以赤子丹心终无悔的精神,创造了一个又一个"不可能":关键零件试制一次成功、成功换装国产发动机等事迹,表明歼-20的研制有巨大的困难及挑战性。教师通过歼-20研制团队爱党爱国的事迹,鼓励学生向歼-20研制队伍学习,激起学生对航空事业的热爱之情和报国情怀。

三、思政元素与教学内容的融合

教师在讲授"叶片机在航空发动机上的应用"这一节时,首先介绍航空发动机三大核心部件中的压气机、涡轮均为叶片机等,突出叶片机的重要性。然后,教师介绍歼-20研制团队攻坚克难的事迹,特别是歼-20用上了"中国心"——成功换装国产发动机事迹,展现歼-20研制团队的重大贡献和深沉的爱国情怀。最后,教师通过"叶片机在航空发动机上的应用"的教学,使学生既了解叶片机在航空发动机上的应用,也用歼-20研制团队的奉献精神激励学生的爱国主义精神,增强学生对航空事业的崇敬与热爱之情,树立航空报国的远大志向。

本案例素材由高丽敏老师提供

案例 1.25

神舟十五号载人飞船与火

一、思政素材

1. 主题

神舟十五号载人飞船与火。

2. 内容

人类应用火的历史极为久远,从燧人氏钻木取火到发射载人飞船进入太空,火是推动人类文明进步的重要因素,火是人类文明的见证。燃烧现象普遍存在于我们日常的生产生活当中,是当今现代化工业生产中最常用的能量转化形式,比如我国成功发射的神舟十五号载人飞船的动力装置就是火箭发动机。教师通过"神舟十五号载人飞船成功发射"这一新闻的导入,引起学生的关注和兴趣,在讨论我国航天事业迅猛发展的同时,强调科技兴国的重要性,将神舟十五号飞船搭载的长征二号F遥十五运载火箭与"燃烧学"有关火的专业知识关联起来,说明火是人类文明的象征。

3. 图片

图1-25-1为火与载人飞船发射。

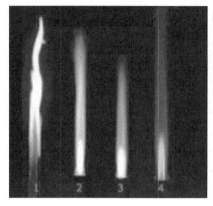

来源：https://zhidao.baidu.com/
question/1824574082159403668.html

来源：https://baijiahao.baidu.com/
s?id=17137867583093332348

图1-25-1 火与载人飞船发射

二、思政内涵释义

本素材内容与"航空发动机燃烧学"课程中的"火是人类文明见证"教学内容进行关联。

教师从当前与所讲述专业比较贴近的新闻报道——"神州十五号载人飞船的成功发射"引出"飞行器发动机"的概念，说明火在目前飞行器动力系统中的地位和作用。结合历史上有关火的古文记载，教师说明我国用火文明源远流长。从古到今，火在人类文明前进道路上扮演着不容忽视的角色。同时，教师分析当今我国航天和航空事业迅猛发展的态势，培养学生的爱国情怀，增强学生对我国国防事业的信心与爱国热情。

三、思政元素与教学内容的融合

根据"航空发动机燃烧学"第一章第二节"火是人类文明见证"内容，教师结合人类发展的几个重要阶段说明火在其中扮演的角色，说明"是火和燃烧的应用促进了人类和世界走向文明"。同时，教师结合当今我国国防事业蒸蒸日上的发展态势及其与燃烧的关系，引出这门课程的开设背景和意义。

教师通过图片等资料展示燃烧学与各类飞行器动力系统的关系，凸显燃烧学在三航（航空、航天、航海）领域中的作用，以此为切入点展望我国国防事业的未来发展前景，激发学生们学习本门课程专业知识的积极性，增强学生们的行业自豪感，唤起学生们投身国防事业的激情。

本案例素材由黄希桥老师提供

案例 1.26

钱学森与燃烧学的发展

一、思政素材

1. 主题

钱学森与燃烧学的发展。

2. 内容

钱学森是我国著名科学家,是我国近代力学事业的奠基人之一。他在空气动力学、航空工程、喷气推进、工程控制论、物理力学等科学领域作出许多开创性贡献。他为我国火箭、导弹和航天事业的创建与发展作出了卓越贡献,是我国系统工程理论与应用研究的倡导人。

教师在讲述燃烧学发展历史时,通过反应流体力学理论引出我国科学家钱学森在此方面的贡献,引起学生的关注和兴趣。教师在讨论钱学森对燃烧学贡献的同时,将燃烧学和其他学科关联起来,强调燃烧学是不同学科的综合应用,同时通过介绍钱学森的事迹鼓励学生继承和发扬老一辈的爱国精神。

3. 图片

图1-26-1为钱学森爱国语录。

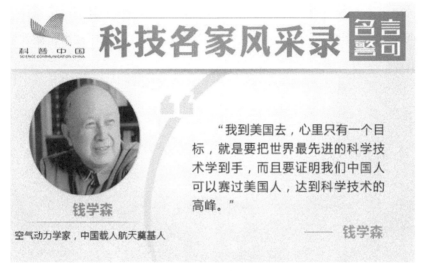

图1-26-1　钱学森爱国语录

来源：https://www.clzg.cn/article/373552.html

二、思政内涵释义

该思政元素源于"燃烧学"课程中"燃烧学发展历史"的教学内容。

教师在讲述燃烧学发展历史的不同阶段时，说明燃烧学作为一门学科是如何发展起来的，其中包括燃烧反应流体力学。教师结合钱学森对此学科的贡献引出他在国防事业中的主要成就，说明燃烧学与其他学科的关系，同时讲述钱学森在归国艰难历程中的爱国情怀，增强学生们对我国国防事业的热情与激情。

三、思政元素与教学内容的融合

在"燃烧学的发展历史"这一节，教师主要结合燃烧学作为一门学科所走过的历程来说明如何用科学的方法研究问题，其中燃烧反应流体力学作为燃烧学的一个分支，不管是过去还是现在都发挥着重要作用。这里引入科学家钱学森提出的用连续介质力学方法研究燃烧的案例，说明燃烧是一门多学科的交叉学科，需要工程热力学、传热学以及流体力学等综合知识，引导学生学会用综合能力思考问题，同时用钱学森的爱国故事激励学生热爱国防事业。

教师通过图片等资料展示燃烧学的发展历史，引入钱学森的反应流体力学，讲述钱学森冲破层层阻力回到祖国怀抱发展我国国防事业的爱国故事，激发同学们投身国防事业的学习热情，增强行业归属感。

本案例素材由熊妮老师提供

第二章

科学精神类

案例 2.1

工程热力学的价值观教育

一、思政素材

1. 主题

工程热力学的价值观教育。

2. 内容

热力学第一定律带来的价值观：能量大，责任大，运动维度多，教师可以激励学生努力提升自身能量，为承担更大责任做好准备，即"知识就是力量"。热力学第二定律带来的价值观：与众不同，与环境不同，才能拥有有用的价值、更高的价值，创新才是真正的价值所在，即"新知识才是更强大的力量"。热力学第三定律带来的价值观：追根溯源，不忘初心，能量的起点更拥有超强的能量。

二、思政内涵释义

该思政元素来自教学内容本身，该教学内容属于工程热力学课程整体的热力学三大定律的教学内容，贯穿于工程热力学教学之始终。

教师通过对热力学三大定律的分析，阐明三大定律产生的机理，引导学生对三大定律从世界观到价值观的认知,从而指导学生对世界产生正确、客观的认识,培养学生科学的辩证思维能力。

三、思政元素与教学内容的融合

1. 在教学内容上,对于热能动力与发动机专业启迪意义明显。通过热力学第一定律,教师教育学生不断充实自己,提高自身水平,也认清自己的社会责任。通过热力学第二定律,教师教育学生尊重知识产权,勇于创新,鄙视抄袭,抄袭没有价值。通过热力学第三定律,教师教育学生充分认识"零"的意义,正数和负数的意义,凡事追根溯源,不忘初心。

2. 在教学设计上,包含教学目标、课程思政融入方法及课程思政教学实施过程。

(1) 教学目标:教师引导学生从知识的起点出发去思考,敢于创新,善于创新,树立一切价值来自创新的思想。

(2) 课程思政融入方法:教师讲到相关内容时就讲一讲热力学三大定律的意义,每次都讲,润物细无声。

(3) 课程思政教学实施过程:对热力学第二定律的理解、熵的理解、可用功的理解都可以让学生与创新联系起来,加深记忆,并具体化,提高课堂教学的吸引力,促进对热力学第二定律知识的理解和传授。

3) 在教学效果上,教师可以结合热力学第二定律的具体实践,引导学生树立正确价值观,不要抄袭,不要抄作业,因为没有价值。引导学生加深对知识产权的理解和认识。

本案例素材由冯青老师提供

案例 2.2

工程热力学英雄谱的人生观教育

一、思政素材

1. 主题

工程热力学英雄谱的人生观教育。

2. 内容

瓦特、焦耳、卡诺、牛顿、开尔文、克劳修斯、迈尔、奥拓、狄塞尔、斯特林……，这些响当当的工程师、科学家、发明家为热力学的创立立下了不可磨灭的功绩，同时他们的人生也是一个个富有教益的故事。最为典型的事例有：瓦特发明蒸汽机的艰难历程；卡诺的数学思考和强大的数学基础；狄塞尔发明柴油机的艰难历程和悲剧人生。

3. 图片

图2-4-1为詹姆士·焦耳；图2-4-2为萨迪·卡诺。

图2-4-1　詹姆士·焦耳（James Prescott Joule，1818—1889）

来源：https://m.baike.so.com/doc/4775461-4991240.html?from=202605&redirect=merge

图2-4-2　萨迪·卡诺（Sadi Carnot，1796—1832）

来源：https://baijiahao.baidu.com/s?id=1724371124222986023

二、思政内涵释义

本素材内容所蕴含的道理是如何过好人生，遇到困难如何百折不挠去奋斗。

牛顿的"开挂"人生，瓦特遇到困难百折不挠去奋斗的人生、狄塞尔的悲剧人生、卡诺的短暂一生、克劳修斯的数学人生都能够对学生产生教育意义，促使学生树立正确的人生观。

三、思政元素与教学内容的融合

教师结合课程内容，通过几个典型人物的传记简介，对于热能动力与发动机专业学生启迪意义明显。教师教育学生树立远大目标，打好数学基础，用数学方法解决工程问题。教师引导学生向这些科学家、工程师学习，学习他们的工作态度、科学方法和积极地人生观。

讲到蒸汽机，就讲到瓦特；讲到柴油机，就讲到狄塞尔；讲到卡诺定理，就讲到卡诺。这样可以让学生把知识和发明这些知识的人物结合起来，加深记忆，并具体化、历史化，提高课堂教学的吸引力，促进知识传授。学生通过学习，对这些伟大科学家、工程师的事迹基本上耳熟能详，加深了相关知识的记忆，加深了对知识来源的认识，也加深了对知识产权的认识。教师可以结合这些伟大科学家、工程师的事迹，引导学生树立正确的人生观。

本案例素材由郑光华老师提供

案例 2.3

范德瓦尔斯方程获诺贝尔奖的科学意义

一、思政素材

1. 主题

范德瓦尔斯方程获诺贝尔奖的科学意义。

2. 内容

在工程热力学课程8.1范德瓦尔斯方程一节,论述了范德瓦尔斯这位科学家如何从理论分析出发导出描述实际气体的范德瓦尔斯方程,而这一方程的重要意义在于它为从理论上得出各种实际气体专用的、普遍和准确的状态方程开辟了道路,确立了一个重要的方法和思路,得到科学界的赞誉,并获得了诺贝尔物理学奖。

范德瓦尔斯方程的取得正是科学精神与科学方法的体现,它采用归纳法、演绎法以及两者综合的方法来进行分析和研究,可使学生在具体和生动的环境中,学习和体会科学方法是如何应用的,让学生了解到科学思维方法不是抽象和空洞的,也是常人可以掌握和应用的,由此使学生在这节课的学习过程中,生动地学习和掌握科学研究的方法,了解科学思维的习惯,使学生很好地懂得:归纳法和演绎法是两种不同的科学方法或者说是科学观,它们相互结合,构成了主要的科学方法。可以说,科学方法既是实证的,也是理性的,既要用实验观察来证实(得到定律),也要用归纳逻辑、演绎逻辑来推理（得到定理、推论和公式），就是指的这两种科学观的结合。正如爱因斯坦所讲的，它们一个既强调外部的证实，又强调内部逻辑的完备。总之，归纳法和推演法的兼备，是近代科学的本质。

3. 图片

图2-5-1为范德瓦尔斯。

图2-5-1　范德瓦尔斯（Jahanns Diderik Vander Waals，1837—1923）

来源：https://www.allnumis.com/stamps-catalog/netherlands/personality/70-cent-1993-johannes-d-van-der-waals-22820

二、思政内涵释义

本素材内容所蕴含的道理是如何树立科学精神以及掌握科学方法，使学生建立促进世界物质文明和精神文明发展的使命感。

科学精神在于质疑和证伪的思想，科学精神有助于发现问题和认识问题。科学方法在于把归纳法、演绎法以及两者综合的方法来进行思辨和求证，而科学方法可以更有效地研究问题和解决问题。为什么要有科学精神和掌握科学方法，这是人类认识世界和改造世界的强有力工具，是人类更有效促进世界物质文明和精神文明发展的需要，也是思政教育的必要。

三、思政元素与教学内容的融合

在教学中，教师突出科学方法的应用，引导从质疑点出发，发现问题、找出解决问题的路径、证实路径和预测结果。教师通过图片和数据论述范德瓦尔斯对实际气体的认识，质疑和证伪理想气体状态方程与实际气体的差异，以体现科学精神。教师用分子模型和实验结果来分析与论述实际气体的特征，以体现归纳法。教师通过逻辑思辨来分析理想气体与实际气体的差异，以体现演绎法；揭示理想气体的宏观特征和微观特征，以体现演绎法；得出描述实际气体的范德瓦尔斯方程，以体现演绎法与归纳法融合的科学方法应用；分析总结范德瓦尔斯方程的成就，以体现科学精神与科学方法。

本案例素材由郑光华老师提供

案例 2.4

工程热力学之科学精神

一、思政素材

1. 主题

工程热力学之科学精神。

2. 内容

教师结合绪论讲述工程热力学的发展历程，介绍热力学第二定律、气体动力循环以及蒸汽动力循环理论和实践中，瓦特、焦耳、卡诺、牛顿、开尔文、克劳修斯、迈尔、奥拓、狄塞尔、斯特林等这些伟大的工程师、科学家、发明家为热力学的创立作出的不可磨灭的功绩，引导学生理解上述所有的成就都基于对科学坚持不懈的追求以及遇到困难百折不挠的探索精神。

3. 图片

图2-6-1为瓦特设计的蒸汽机;图2-6-2为迪赛尔和他的柴油机。

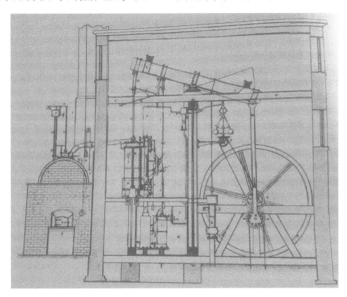

图2-6-1　瓦特设计的蒸汽机

来源:辛格等《技术史》第4卷127页(上海科技教育出版社,2004)

图2-6-2　迪赛尔和他的柴油机

来源:https://mt.sohu.com/20170227/n481863774.shtml

二、思政内涵释义

该思政元素来自教学内容本身,该教学内容贯穿于工程热力学课程整个教学内容当中。

教师通过介绍绪论、热二定律以及各种循环涉及的瓦特、焦耳、卡诺、牛顿、开尔文、克劳修斯、迈尔、奥拓、狄塞尔、斯特林等科学家在发明这些设备以及发现伟大定律的艰辛过程对学生产生教育意义,促使学生能够静下心来,踏踏实实学习,引导学生建立如何提高循环效率机理的认知,引导学生提出问题,且在解决问题的过程中能够以辩证唯物为主旨,培养科学辩证思维以及对科学不怕吃苦、坚持不懈的探索精神。

三、思政元素与教学内容的融合

教师通过向学生展示各位科学家的成果图片及相关视频,提高学生对课程的兴趣;介绍工程热力学发展历程,激发学生科学知识学习过程中坚持不懈的探索精神。教师根据专业课教学,使学生在掌握专业理论知识的同时,提高对热能动力工程研究的兴趣。具体到工程热力学发展简史、热力学第二定律、气体动力循环以及蒸汽动力循环等章节中,教师通过幻灯片和视频的方式对在热力学发展史上作出杰出贡献的各位科学家的相关成果进行展示,通过各位科学家获得这些成果的艰辛历程,启迪学生在学习过程中学会提出问题,以及如何通过所学知识去科学地解决实际工程中的问题;通过视频的播放以及课堂讲解,让学生们学习每一位科学家为了追求科学真理而潜心研究、坚持不懈的伟大科学精神。

本案例素材由陈燕老师提供

> 案例 2.5

上海外三发电厂每度电煤耗比国际先进水平发电厂低10克

一、思政素材

1. 主题

上海外三发电厂每度电煤耗比国际先进水平发电厂低10克。

2. 内容

上海外高桥第三发电有限责任公司(以下简称"外三")两台百万千瓦超超临界火电机组,是世界上最节能、最环保的大型火电机组,"外三"则系全球最干净的火力发电公司。"外三"的煤耗比国际最高技术水平的电厂低10克。10克相当于0.2两(一两=50克),实在微不足道。可在火电行业,发电煤耗降低1克就意味着显著的技术差距,相差10克,代表的是技术的代差。其一,代表当代世界火电机组最高水平的百万千瓦级超超临界火电机组的独立设计、自主制造在国内已完全成熟,这为我国攀登世界火力发电"最清洁山峰"提供了坚实的装备基础和技术基础。其二,精细管理火力发电的每个技术环节、确保火电机组的最高完好率。其三,把火电机组视为一个系统,持续优化系统的每个技术环节,嬗变出十几项世界首创火电技术,每个首创的节能效果也许只有0.1%,但积小成大就相当于把百米短跑的世界纪录刷新了1秒，是典型的中国智慧。这第二、第三条尤其重要——毛泽东曾经有言"世界上怕就怕认真二字，共产党就最讲认真"——谁说不是呢！我们中国人一向被人视为做事散漫，可一旦中国人认真，又有什么样的奇迹不能创造？！

3. 图片

图2-7-1为上海外三发电厂；图2-7-2为发电机组。

图2-7-1 上海外三发电厂

来源：https://www.163.com/dy/article/I3FSDERK05520F28.html

图2-7-2 发电机组

来源：http://sh.people.com.cn/n2/2021/1213/c134768-35048791.html

二、思政内涵释义

该素材内容与工程热力学课程中"蒸汽动力循环"内容相关联。

以上海外三发电厂每度电节煤10克事例,引出实际蒸汽循环中影响能源效率的因素有哪些?学生在互动答题过程中,建立蒸汽循环过程图,并结合世界蒸汽机组发展历史,了解蒸汽动力行业的几个关键标志性事件,工程师们从新中国成立初期的一穷二白,改仿造苏联的蒸汽机,到现在能够独立自主研制世界领先的发电厂,激发同学们的爱国热情和投身动力能源领域的学习热情。

三、思政元素与教学内容的融合

"蒸汽动力循环"这一节,是工程热力学中讲述热工转换的重要章节。教师对蒸汽动力循环包含的多个过程进行深入分析,让学生了解实际循环和理想循环的区别,简化的意义。此处,教师引入上海外三发电厂创造每度电煤耗节省10克事例,展示我国在传统能源发电领域的基础研究和工程应用研究取得的瞩目成绩,让学生体会到"对每个细节进行精雕细琢,一步一个脚印,积小胜为大胜"的工匠精神。

本案例素材由孙亚松老师提供

案例 2.6

涡喷-6发动机全流程温度测量方案

一、思政素材

1. 主题

涡喷-6发动机全流程温度测量方案。

2. 内容

我们对涡喷-6发动机进行全流程参数测量时,通常采取一次只测量一(或两)个截面的方式,通过发动机多次开车来实现所有截面的测量;根据发动机的结构以及性能特点,精心设计各截面上测量方案。为减小压气机效率误差,我们可以通过误差传递分析确定采用四只热电偶周向均布感受发动机进口温度,三只九点总温耙感受压气机栅后气流,并将四只热电偶并联后再分别与总温耙各点反串的方法来直接测量压气机的温升分布情况。涡喷-6发动机燃烧室后温度分布不均匀性大,有限测点很难准确测出截面的平均温度,这会给涡轮效率的计算带来较大的误差,因此我们未直接测量燃烧室出口截面温度场,而是先采用旋转测温法较为精细地测出涡轮后温度场求出涡轮后平均温度,再利用压气机与涡轮功率平衡关系,间接推算燃烧室出口温度。

3. 图片

图2-2-1为涡轮后旋转测温装置;图2-2-2为总温耙跨通道布局与跨叶片布局。

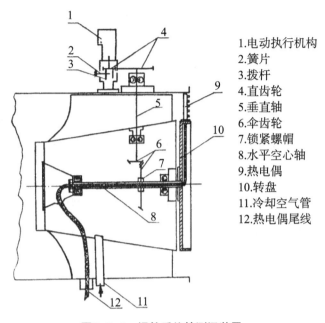

图2-2-1　涡轮后旋转测温装置

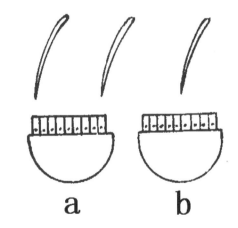

图2-2-2　总温耙跨通道布局与跨叶片布局

二、思政内涵释义

该思政元素来自教学内容本身,该教学内容属于"航空发动机全流程参数测量"课程中"涡喷-6发动机温度测量"部分。

涡喷-6发动机全流程参数测量方案是在当时试验和测试水平、经费等多种因素的限制条件下综合分析的结果。通过对测量方案的讲述，引导学生认识脚踏实地、严谨认真的工作精神和态度对科研工作的重要性。

三、思政元素与教学内容的融合

测量方案的设计既要考虑尽可能准确地获得试验数据，得到满意的试验结果，又要考虑到发动机本身以及测试技术及设备等的实际情况。教师首先介绍可选的多种测量方案，再通过介绍不同方案的误差传递，并讨论在当时试验条件下可能带来的误差影响，使学生了解最终测量方案的确定过程。教师让学生不仅能对测量方案的确定有更深入的了解，还能认识到立足实际、严谨认真的科学态度对于科研工作具有重要的意义。

本案例素材由杨训老师提供

案例 2.7

从卷积定理的形象理解看厚积薄发

一、思政素材

1. 主题

从卷积定理的形象理解看厚积薄发。

2. 内容

如果已知系统单位脉冲响应为 $g(t)$，则任意输入 $r(t)$ 的响应 $c(t)$ 为

$$c(t) = \int_{-\infty}^{+\infty} r(\tau)g(t-\tau)]d\tau$$

考虑到物理可实现性，上式改为

$$c(t) = \int_{0}^{t} r(\tau)g(t-\tau)]d\tau$$

为了形象地理解上式，可以将其解释为脉冲响应的叠加：

$$c(t) = \lim_{\Delta t \to 0} \{r(0\Delta t)\Delta t \times g(t-0\Delta t) + r(1\Delta t)\Delta t \times g(t-1\Delta t) \\ + r(2\Delta t)\Delta t \times g(t-2\Delta t) + r(3\Delta t)\Delta t \times g(t-3\Delta t) + \cdots\}$$

用图表示如图2-3-1所示。

3. 图片

图2-3-1为卷积的形象理解用图。

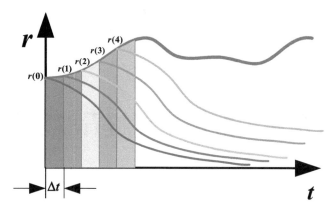

图2-3-1 卷积的形象理解用图

二、思政内涵释义

该思政元素来自教学内容本身，该教学内容属于"自动控制理论"课程中"传递函数"的教学内容。

不积跬步，无以至千里。在学习过程中，要像卷积一样注重知识的累积，循序渐进、厚积薄发。

三、思政元素与教学内容的融合

教师通过图形化展示卷积的过程，增强对卷积的直观感受，有效提高对卷积学习的教学效果。从卷积的来历及特点进行讲解，基于离散的方式，从黎曼积分的角度对卷积进行剖析，使学生理解当前的果不仅取决于当下的因还受过去的因的影响，认识到学习是一种循序渐进的过程，懂得不管是学习还是工作中，要像卷积一样注重知识的积累，循序渐进，最终做到厚积薄发。

本案例素材由彭凯老师提供

案例 2.8

我国某两型发动机涡轮叶片结构阻尼改型

一、思政素材

1. 主题

我国某两型发动机涡轮叶片结构阻尼改型案例介绍。

2. 内容

教师在讲解转子叶片阻尼减振措施,对结构阻尼中的箍带和叶冠结构具体讲述时,介绍我国某二代发动机在改型时某涡轮叶片从箍带改成叶冠,连续出现事故的案例,告诉学生发动机设计牵一发而动全身,一个小小的改动都需要深入全面地分析,同时积累的经验多了,也有利于今后发动机的设计改型工作。教师激励学生努力学习专业知识,解决发动机难点问题,为我国发动机研制贡献力量。

3. 图片

图2-8-1为叶片箍带构造；图2-8-2为叶片的锯齿形叶冠。

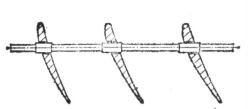

图2-8-1 叶片箍带构造

来源：吕文林，航空发动机强度计算，国防工业出版社，1988.

图2-8-2 叶片的锯齿形叶冠

来源：http://www.enginehistory.org/GasTurbines/Blades/PaoloPisani/blades.shtml

二、思政内涵释义

教师从转子叶片阻尼减振方案，引出箍带和叶冠两种典型的阻尼减振方法，介绍我国某二代发动机在改型时某涡轮叶片从箍带改成叶冠的故事。学生在学习叶片减振方法的同时，也更清楚发动机设计改型的复杂性和困难；了解我国航空事业的发展历程。教师重点介绍我国空军的发展历程及飞机性能提升，激发学生投身航空领域的学习热情和严谨求实的科学精神。

三、思政元素与教学内容的融合

"转子叶片振动——阻尼减振"这一节主要对航空发动机叶片阻尼减振的原理和具体方案进行介绍，比较各种减振方案的优、缺点以及应用情况。

教师通过视频、图片等资料展示叶片振动问题在我国发动机发展以及国防应用中的具体案例，重点介绍我国发动机发展的艰辛历程与巨大成就，激发学生的爱国热情和投身航空领域的学习热情。教师根据专业课程教学，使学生在掌握叶片振动危害性的同时，实现专业能力和航空报国情深的共同提升。

本案例素材由景鑫老师提供

案例 2.9

辩证地认识局部损失

一、思政素材

1. 主题

辩证地认识局部损失。

2. 内容

流体通过突扩、突缩、渐缩、渐扩、弯管、节流、阀门、绕流物体等都会产生一定的流动损失，这种损失称为局部损失。工程中，在设计动力工程的气、液等各种管路时，应设法减少局部损失。如设计管道时，常在弯道内安装导流叶片，尽量避免截面积有突变。

但在有些情况下，这些局部损失是必要的，比如航空发动机中的密封装置、节流孔等。在航空发动机上为了防止燃烧室出口的高温高压燃气进入滑油腔内，需要将燃气和轴承的滑油腔隔开，燃气每经过一个密封齿，压强就降低一次，经过几个齿后，压强就降低到与滑油腔内的压强相接近。这样，就达到防止滑油腔燃气侵入的目的。

3. 图片

图2-9-2为风洞转弯处设置导流叶片减小局部损失。

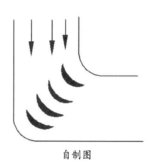

自制图

图2-9-2 风洞转弯处设置导流叶片减小局部损失

二、思政内涵释义

该思政元素来源于教学内容本身，该教学内容属于流体力学基础课程中"管道中的局部损失"的教学内容。

教师通过对局部损失的分析，阐明损失产生的机理，让学生建立如何减少局部损失的途径及损失减少机理的认知，同时提出问题：局部损失是否仅有弊端？教师引导学生对问题质疑，并通过局部损失利用的实例，让学生认识到局部损失需要辩证地认识，即以辩证唯物为主旨，启发学生探究式学习能力，激发学生科学精神及科学辩证思维。

三、思政元素与教学内容的融合

"管道中的局部损失"这一节是对局部损失产生的原因进行分析，获得局部损失的计算方法及减少局部损失的措施。教师通过对局部损失的分析，阐明损失产生的机理，以弯管内加导流叶片以减少损失的具体实例，让学生建立如何减少局部损失的途径及损失减少的机理的认知，接着让学生思考并作答突扩、渐扩管路中局部损失如何控制，使学生掌握局部损失减少的措施。而后教师提出问题：局部损失是否仅有弊端？工程应用中只能减少局部损失吗？教师让学生深入思考并互动答题，再通过航空发动机中密封装置、阀门等利用局部损失的工程实例，让学生认识到损失不是仅有弊端的，还能通过利用局部损失达到密封或流量控制的目的。教师鼓励学生课后利用CFD软件，构建局部损失减少和局部损失利用的模型进行数值模拟，以压力、速度等分布的流场特征直观展示局部损失的变化情况，进一步加深对局部损失的辩证认识，激发学生科学精神，培养学生的批判性思维和科学辩证思维。

本案例素材由周莉老师提供

案例 2.10

科学地认识飞机的飞行阻力

一、思政素材

1. 主题

科学地认识飞机的飞行阻力。

2. 内容

飞机在空中飞行,一般会受到四个基本作用力,即向上的升力、向下的重力、向前的拉力或推力以及向后的阻力。

飞机在稳定飞行时,这些力的合力为零。例如,当飞机水平匀速直线飞行时,升力和重力大小相等且方向相反,拉力和阻力也是大小相等且方向相反,飞机的速度和高度保持不变。飞行员操纵飞机时,使其中的一个或多个基本力发生变化,就有可能大于它所对应的力,从而使飞机产生加速度并向施加力的方向移动。在飞机达到设计的功能和技术要求的前提下,设计人员一般都是通过增加升力和拉力,并尽可能减小重力和阻力的方法来提高飞机的性能。

3. 图片

图2-10-1为作用在飞机上的力；图2-10-2为发动机短舱连接处可产生干扰阻力；图2-10-3为翼梢小翼可减少诱导阻力；图2-10-4为构型阻力。

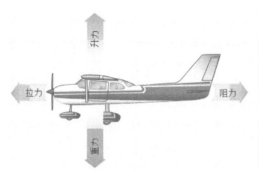

图2-10-1　作用在飞机上的力

来源：https://masterflight.aero/2014/02/11/the-dangerous-downwind-turn/?replytocom=2

图2-10-2　发动机短舱连接处可产生干扰阻力

来源：https://baijiahao.baidu.com/s?id=1591861294681271920&wfr=spider&for=p

图2-10-3　翼梢小翼可减少诱导阻力

来源：https://www.163.com/dy/article/EAODVGS30515D67E.html

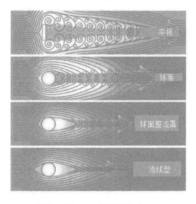

图2-10-4　构型阻力

来源：https://www.163.com/dy/article/FTEKRK2T0550304L.html

二、思政内涵释义

该思政元素来自教学内容本身，该教学内容属于飞机驾驶技术课程中"飞行原理"的教学内容。

教师通过对飞行阻力的分析，阐明阻力产生的机理，引导学生建立如何减少飞行阻力原理的认知及了解降低飞行阻力的具体途径，同时提出飞行阻力对飞机飞行性能及飞行员驾驶影响的问题，培养学生的科学认识思维。

三、思政元素与教学内容的融合

在"飞机飞行中的受力"这一节，教师明确指出飞机在飞行中所有与外部空气接触的部分都会产生阻力，并成为总阻力的一部分，并对不同飞行阻力产生的原因及影响因素进行了分析，获得飞行阻力的计算方法以及在飞机结构上为降低不同飞行阻力而采取的具体措施。教师通过对飞行阻力的分析，阐明阻力产生的机理；通过减小飞机部件的迎风面积，对各部件进行整流使其尽可能做成流线型，并给一些部件安装整流罩的具体实例，引导学生建立如何减少构型阻力的途径及减少阻力机理的认知；通过妥善考虑和安排各部件的相对位置，增强机翼、尾翼和机身交汇处，机翼和发动机短舱连接处的流线形状，使其圆滑过渡，尽量减小旋涡产生的具体实例，引导学生认知如何减少干扰阻力的途径及减少阻力机理；通过增大机翼展弦比，选择适当的机翼平面形状，给机翼加装翼梢小翼的具体实例，引导学生认知如何减少诱导阻力的途径及减少阻力机理。同时教师提出问题：在实际飞行中，飞行员应如何把飞行阻力控制在一定的范围之内？让学生深入思考并互动答题。

本案例素材由黎明老师提供

案例 2.11

通过对光的本质认识提升学生辩证思维能力

一、思政素材

1. 主题

通过对光的本质认识提升学生辩证思维能力。

2. 内容

人类对辐射本质的认识经历了长期过程。热辐射出现了两种定义：①由热运动产生的，以电磁波形式传递的能量。②由热的原因，物体以光子的形式传递的能量。

到目前为止，尚不能用统一的理论来描述所有的热辐射现象。教师针对光的本质这一部分的传授可以结合科学史的发展过程和思政元素，加深学生对基础知识的理解，强化学生的辩证思维能力。

3. 图片

图2-11-1为有关波粒二象性的实验及解释；图2-11-2为我国古代科学家对于光的认识。

图2-11-1 有关波粒二象性的实验及解释

图2-11-2 我国古代科学家对于光的认识

二、思政内涵释义

该思政元素来自教学内容本身,教学内容属于辐射换热基础及应用课程中"热辐射的本质与研究方法"的教学内容。

教师以马克思主义的基本原理讲授科学家对辐射换热相关理论的思辨和争论过程,强化学生的辩证思维能力。同时,教师寓价值观引导于知识传授和能力培养之中,突出描述我国古代科学家及近现代人物事迹在光学领域的杰出科学成就,激发学生的爱国济世精神。

三、思政元素与教学内容的融合

教师在讲述光的本质时,从牛顿的粒子说讲到麦克斯韦的波动说,从讲述20世纪20年代爱因斯坦和玻尔关于量子力学的一系列争论,到双缝干涉的神奇现象以及爱因斯坦的波粒二象性解释,说明科学家对光的认识是一个艰难而又充满矛盾的过程,从马克思主义自然辩证法的角度解释了这些矛盾所在,如任何事物都是对立和统一的结合体,联系具有客观性等,强化学生的辩证思维能力。

我国古代科学家对于光的认识具有长久的历史,课程结合《墨经》以及沈括所著的《梦溪笔谈》中关于光的直线传播、透镜、面镜成像、光的色散、滤光应用等方面描述,突出描述我国古代在光学领域的科学成就,激发学生的民族自信心和荣誉感。

本案例素材由孟宪龙老师提供

案例 2.12

古代伟大工程启示

一、思政素材

1. 主题

古代伟大工程启示。

2. 内容

早在春秋战国时期,充满智慧的中华民族就已经懂得了如何建造和利用大型的建筑工程和水利工程。气势恢宏的万里长城显示了中华民族的智慧和魄力,举世闻名的都江堰水利枢纽至今仍在川西这片广袤富饶的土地上造福人民。教师在讨论中华民族的伟大智慧的同时,激发学生的文化自信,加深学生对工匠精神的认识和理解,使他们立志成为一名优秀工程师的强烈愿望进一步被激发。

3. 图片

图2-12-1为飞机起落架；图2-12-2为都江堰水利工程示意图。

图2-12-1 飞机起落架

来源：现代客机起落架照片-正版商用图片07lsc6-摄图新视界的搜索结果_百度图片搜索（baidu.com）

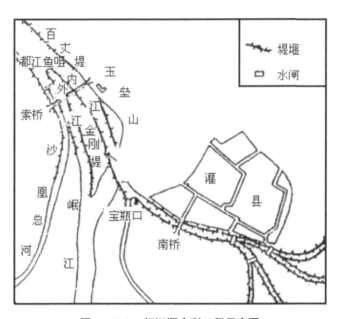

图2-12-2 都江堰水利工程示意图

来源：https://www.puchedu.cn/jianbihua/5390810a222b7af1.html

二、思政内涵释义

从我国古代伟大工程引出关注点——材料力学研究内容。然后展示飞机起落架提出问题：材料力学这门课程要研究什么内容？对象是什么？研究任务是什么？学生在互动答题的过程中了解材料力学的研究内容和研究任务等信息。教师结合发动机结构，讲解发动机结构中涉及的材料力学知识点。通过将材料力学任务与发动机结构相结合，凸显发动机发展历程及相关性能提升，激发学生的学习热情和不怕困难的科学精神。

三、思政元素与教学内容的融合

材料力学这门课程是理工科学生的基础必修课，主要是通过对杆、梁等简单结构进行分析。教师通过飞机起落架、桥梁和发动机结构中的轴件等例子，引导学生对材料力学的任务即结构和构件进行学习，了解材料力学的任务是对杆件进行强度、刚度和稳定性的校核。

教师介绍我国古代伟大工程，激起同学们的爱国热情和文化自信。教师根据专业课程教学，使学生在掌握材料力学研究任务的同时，发扬实事求是和不怕困难的科学精神。通过对这些内容的学习，教师加深学生对工匠精神的认识和理解，使他们立志成为一名优秀工程师。

本案例素材由郑伟玲老师提供

案例 2.13

科学家的实践求知精神

一、思政素材

1. 主题

科学家的实践求知精神。

2. 内容

中国工程院院士袁隆平,从20世纪60年代开始致力于杂交水稻的研究,经过12年的努力,成功培育出了"三系杂交稻"。1976—1987年,他培育的杂交水稻种植面积累计达到11亿亩,增产稻谷1 000亿千克。1979年,杂交水稻作为我国第一个农业技术专利转让美国。以后,他又研制出一批比现有三系杂交水稻增产5%~10%的两系品种间杂交组合。如今,我国大江南北的农田普遍种上了袁隆平研制的杂交稻。杂交水稻的大面积推广应用,为我国粮食增产发挥了重要作用。

2015年12月10日,屠呦呦因开创性地从中草药中分离出青蒿素应用于疟疾治疗而获得当年的诺贝尔医学奖。这是在中国本土进行的科学研究首次获得诺贝尔奖。1968年,中药研究所开始抗疟中药研究,39岁的屠呦呦担任该项目的组长。经过两年的研究对象筛选,并受到中国古代药典《肘后备急方》的启发,项目组将重点放在了对青蒿的研究上。1971年,在失败了190次之后,项目组终于通过低温提取、乙醚冷浸等方法，成功提取出青蒿素，并在接下来的反复试验中得出了青蒿素对疟疾抑制率达到100%的结果。在没有先进实验设备、科研条件艰苦的情况下，屠呦呦带领团队攻坚克难，面对失败不退缩，终于胜利完成科研任务。青蒿素问世44年来，共使超过600万人逃离疟疾的魔掌。未来，屠呦呦希望通过研究，让青蒿素应用于更多地方，为更多人带来福音。

3. 图片

图2-13-1为屠呦呦实验191次提取青蒿素；图2-13-2为袁隆平1 000多次实验种出杂交水稻。

图2-13-1 屠呦呦实验191次提取青蒿素

来源：https://baijiahao.baidu.com/s?id=1668106696049588902&wfr=spider&for=pc

图2-13-2 袁隆平1 000多次实验种出杂交水稻

来源：https://www.xianjichina.com/news/details_129429.html

二、思政内涵释义

本素材内容与叶轮机械综合实验课程的意义及整体教学内容进行关联。

实践是检验真理的唯一标准。习近平总书记指出，要"坚持实践第一的观点，不断推进实践基础上的理论创新"。科学技术的发展建立在实践的基础上，新中国成立几十年来涌现出了诸多推动我国科技进步的科学家，教师充分挖掘科学家在实践中的感人故事来激励学生，从而树立正确的科学观、价值观和人生观。比如屠呦呦实验191次提取青蒿素，袁隆平1 000多次实验种出杂交水稻，"两弹一星"林俊德院士参与54次核试验等。教师为同学们拉近未来所从事行业与当下所学课程的距离，使学生所学的实践技能与行业发展密切相关，同时激发爱国热情和行业热情。树立同学们既能挑战高峰，也能脚踏实地甘于奉献的精神。人物的故事除了在课程概述中出现，更多的故事将在具体实验内容中自然地引入，起到导课作用，也起到德育作用。

三、思政元素与教学内容的融合

教师深入挖掘实验类课程与工程结合密切的特点，以科学家故事将专业与育人相结合，厚植家国情怀，及时更新课程素材使其具有时代性。

教师针对工科类实验课程的特点，挖掘科学和行业领域相关的人物故事，由远及近，包括我国通过艰苦实践取得科技突破的科学家屠呦呦、袁隆平，也包括航空航天领域的先驱，如钱学森、郭永怀、吴仲华，再到学生们更加了解的我们身边行业总师、技术专家的故事，我们学校和学院的老教授的事迹，通过一个又一个生动具体的故事拉近行业与学生的距离，让学生在赞叹"厉害了我的国"的同时，发自内心地明白个人"幸福是奋斗出来的"，"中国奇迹"更是奋斗出来的。

教师让学生具备扎实的叶轮机械专业知识和实验技能，同时还具有爱国精神和高尚道德情操，激发其对中国特色社会主义道路自信、理论自信、制度自信、文化自信，立志为中华民族伟大复兴而努力学习工作。

本案例素材由王昊老师提供

案例 2.14

数字控制系统，内嵌于"心"，外化于"行"

一、思政素材

1. 主题

数字控制系统，内嵌于"心"，外化于"行"。

2. 内容

航空发动机控制系统是一个多变量、时变、非线性、多功能的复杂系统，其性能的优劣直接影响发动机及飞机的性能。

对于航空发动机的数字控制系统，人们从未看见，甚至感受不到它的存在。但控制系统就像发动机的神经中枢，为发动机每一秒的工作状态不停计算。航空发动机数字控制系统是航空发动机的"大脑"。因此，任何复杂的系统都需要协调统一，比如我们国家需要中国共产党的集中统一领导，更好发挥党总揽全局、协调各方的领导核心作用。

3. 图片

图2-14-1为航空发动机控制组件。

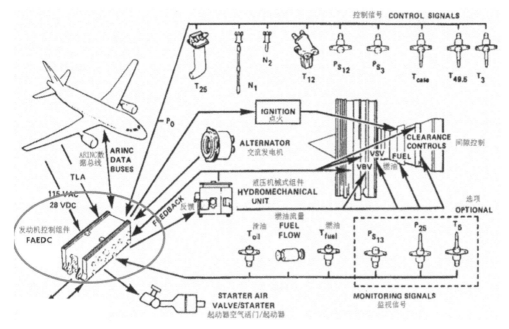

图 2-14-1　航空发动机控制组件

来源：https://blog.csdn.net/weixin_46373447/article/details/104605910

二、思政内涵释义

该思政元素来自教学内容本身，该教学内容属于航空发动机控制系统课程中"系统概论"的教学内容。

在航空航天领域中，发动机的研发一直都是非常重要的课题，飞机在飞行过程中，发动机是提供动力的不可或缺的重要设备。总体上来看，航空发动机主要是由控制系统、润滑系统、传动系统以及本体单元组成的，其中控制系统为核心部件。随着现代科技的发展，航空发动机的控制工作开始由数字电子控制系统来完成。

中国特色社会主义制度是一个严密完整的科学制度体系，起四梁八柱作用的是根本制度、基本制度、重要制度，其中具有统领地位的是党的领导制度。在中国的治理体系中，党中央是坐镇中军帐的"帅"，"车""马""炮"各展其长，一盘棋大局分明，体现为总揽全局、同向发力的效率，体现为高度的组织、动员能力，体现为长远的规划、决策和执行能力。

三、思政元素与教学内容的融合

在教学内容上，本素材可以应用于航空发动机设计专业、航空发动机控制专业教学，如航空发动机原理、航空发动机控制系统、航空发动机控制元件、航空发动机结构等课程的概述、发展历史、国内外研究现状等内容的介绍，以及发动机数字电子控制系统教学。

在教学设计上，教师以学习航空发动机数控系统原理、构成为目标，将数控系统对于发动机的作用和中国共产党对于国家的作用相联系，融入课程思政，激励学生深思其中的深刻道理，增强爱党、爱国意识。

航空发动机通常被人们视作一架飞机的心脏，对于一架飞机而言，发动机性能在很大程度上决定了其能够承担何种飞行任务，而发动机的性能除了取决于其设计理念、制造工艺和所用材料之外，更离不开它的"大脑"——航空发动机控制系统，这同样是决定发动机研制水平的关键要素之一。

目前多通道全权限数字电子控制系统已经成为了航发控制技术发展的必然趋势，世界航空技术强国通过几十年的发展，已经取得了长足进步，开发出了技术先进、安全可靠的产品，并朝着分布式控制、飞发综合控制等方向进一步发展。同样，我国正在结合航空发动机研制工作，研发符合我国军民航空发动机性能的数控系统，进一步缩小与先进国家的技术差距，推动我国航空发动机技术不断向前发展。

正如中国是一个大国，中国共产党是一个大党，大党治理社会主义大国，首先需要一个有权威的党中央，能够从全局角度观察问题、作出决策，并全面深入地加以落实。大党治理社会主义大国，必须善于综合协调、代表最广大人民群众的利益、有效解决人民内部矛盾等。大党治理社会主义大国，必须汇聚有限的资源和力量，集中力量解决党和国家、人民群众关心的热点、难点问题。

本案例素材由任新宇老师提供

案例 2.15

控制系统的发展史，就是科研人的奋斗史

一、思政素材

1. 主题

控制系统的发展史，就是科研人的奋斗史。

2. 内容

教师讲授发动机控制系统的发展史：从20世纪50年代简单的液压机械控制技术出现，到目前全权限数字电子控制技术的广泛使用，航空发动机控制系统技术经过了一段较长的发展时间，期间出现了许多种不同种类的控制技术，随着科学技术的不断进步，航空发动机控制系统正在不断朝着智能化方向发展。

未来航空发动机控制系统将向主动控制、智能控制、分布控制和减轻控制系统重量的方向发展，同时还将发展机载实时的发动机模型，采用先进的控制逻辑和设计方法，使发动机状态监视系统与发动机控制系统实现更好地融合。

由此可以看出事物是在发展的、变化的，我们的认知也在不断地完善。大到宇宙的变化以及我们对宇宙的认知，小到原子以及我们对原子的认知，都是在发展变化中的；大到世界国家的大事，小到生活点点滴滴，都是在不断发展变化中的。科学技术是第一生产力，科技对社会的发展作用至关重要。

3. 图片

图2-15-1为航空发动机全权限控制系统组成示意图。

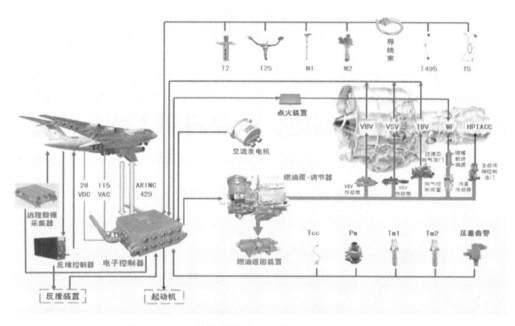

图 2-15-1　航空发动机全权限控制系统组成示意图

来源：https://baijiahao.baidu.com/s?id=1732043444427449447&wfr=spider&for=pc

二、思政内涵释义

本素材内容与航空发动机控制系统课程中的"发展史"教学内容进行关联。教师穿插介绍我国科研人员进行自主创新和艰苦奋斗的历程，以培养学生家国情怀、使命感、担当和责任。

三、思政元素与教学内容的融合

航空发动机的工作过程是一个非常复杂的气动热力过程，随着环境条件和工作状态（如最大、巡航、加力及减速等）的变化，它要给飞机提供所需的时变推力和力矩，对这样一个复杂且多变的过程，如不加以控制，航空发动机是根本不能工作的。航空发动机控制系统的发展大致可归纳为：由基于经典控制理论的单变量控制系统发展到基于现代控制理论的多变量控制系统，由机械液压式控制系统发展到数字式电子控制系统，由动力装置各部分的独立控制发展到各部分的综合控制。

  时代在进步，环境在变化，真理在发展。因此，从辩证的眼光来看，事物总是在不断变化的。以开放的思维来思考，方知观念更新的重要。僵化的观念令人落后，落后的技术要被淘汰。因为"长江后浪推前浪，一浪更比一浪高"，以及"青出于蓝，而胜于蓝"，所以社会才会快速地发展，人类才有美好的未来。

  固守老观念、老经验、老办法不放，认为事物总是一成不变的，这种僵化的思想会把一个人害死。只有智慧地了解生生不息的生命进化运动，才能够更好地知晓人生的本质，才不会被无度的欲望所迷惑。

本案例素材由任新宇老师提供

案例 2.16

准确认识先进动力装置中关键热问题

一、思政素材

1. 主题

准确认识先进动力装置中关键热问题。

2. 内容

教师通过DF-17高超声速导弹、长征系列火箭、涡扇-10发动机、天宫空间站等我国自主研制装备公开特征的介绍以及与国际同类设备水平对比,吸引学生的兴趣,适时引入此类装备的难点和关键点,特别是热设计方面的考虑,将传热学理论等课程与生产实践联系起来,详细说明热设计在国产先进动力装置领域的应用与关键作用。

3.图片

图2-16-1为中国DF-17高超声速滑翔导弹;图2-16-2为中国长征-2F火箭。图2-16-3为中国国产航空发动机;图2-16-4为中国天宫空间站。

图2-16-1 中国DF-17高超声速滑翔导弹

来源:https://news.sohu.com/a/671564307_121119002

图2-16-2 中国长征-2F火箭

来源:https://wenwen.sogou.com/z/q897170479.htm

图2-16-3 中国国产航空发动机

来源：https://baijiahao.baidu.com/s?id=1740774654403470362&wfr=spider&for=pc

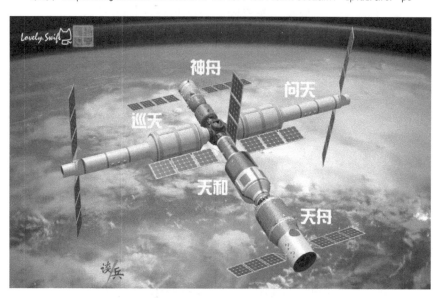

图2-16-4 中国天宫空间站

来源：https://www.sohu.com/a/678448294_121339454

二、思政内涵释义

本素材可以应用于能源与动力类航空推进工程与工程热物理相关专业的传热学教学内容，主要用于课程背景介绍。该思政元素来自教学内容外延。教师通过对

DF-17高超声速导弹、长征系列火箭、涡扇-10发动机、天宫空间站等先进动力装置工作特点分析，阐明传热在这些设备中的重要地位、热量传递的方式以及如何减小或强化传热，引导学生准确认识这些问题，激发探索新型动力装置的热情。

教师通过对自主研发发动机遇到的困难及科研人员迎难而上精神的介绍，激发学生对航空事业的崇敬与热爱之情。通过与国外同类型装备水平的对比，激发学生的爱国热情与民族自豪感，正确认识我们的科研水平。

从我国为什么要开展"两弹一星"研究，到我们的攻坚克难，从跟跑到领跑这一过程，了解我国国防事业的艰苦发展历程，包括传热学在其中发挥的作用，凸显我国通过自力更生，科研水平逐步提高及艰苦奋斗的精神。特别是在航空发动机领域，教师引导学生正确认识我们与国外先进水平的差距：先进在哪里？落后在哪里？研究聚焦在哪里？未来的发展方向又在哪里？激发学生对航空事业的探索欲望和热爱之情。

三、思政元素与教学内容的融合

在传热学第一章绪论的讲解中，教师要介绍传热现象是日常生产生活中的普遍现象，但在某些情况下成为关键影响因素。教师通过案例的讲解，使同学们明确传热学在我国高端装备制造领域的关键作用，并据此了解相关的难点和研究重点。

教师通过图片和视频资料，展示相关案例的基本结构与发展历程，对相关专业的研究对象做一个简单介绍，凸显我国在航空航天事业取得的巨大进步，激发学生的爱国热情和投身航空领域的热情。在教学过程中，学生要明确传热学和生产生活紧密联系，甚至起到关键作用，具备一定的分析问题的能力。

教师通过引导提问、学生回答的方式提高课堂教学的吸引力，丰富教学内容，提升教学效果。教师以自然的方式将课程思政育人内容引入课堂教学，学生扩展了知识面，同时激发更强烈的求知欲，初步培养学生发现问题与解决问题的能力，提升科学素养，并在思想上为我国取得的成就感到自豪。

本案例素材由许卫疆老师提供

第三章

文化自信类

案例 3.1

从自动控制的发展历史讲文化自信

一、思政素材1

1. 主题

从自动控制的发展历史讲文化自信。

2. 内容

自动控制思想萌芽历史悠久,早在公元前1 000年前中国就出现了自动计时的铜壶滴漏计时器。

三国曹魏初年,扶风(今陕西兴平)的马钧研制出了用齿轮传动的自动指示方向的指南车,这是利用齿轮传动来指明方向的一种简单机械装置。马钧对当时通行的五十综五十镊或六十综六十镊的提花织机改为十二综十二镊,大大提高了织造效率,织出花纹更加精美,很快得到推广。

公元132年,张衡发明了自动测量地震的候风地动仪。

3. 图片

图3-1-1为单个刻漏计时容器；图3-1-2为铜刻漏；图3-1-3为刻漏计时器；图3-1-4为司南车。

图3-1-1　单个刻漏计时容器

来源：中国古代计量器具—铜壶滴漏
－搜狐（sohu.com）

图3-1-2　铜刻漏

来源：古人如何在夜里测量时间？
_网易订阅（163.com）

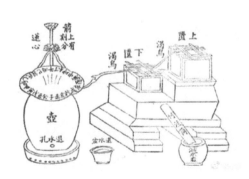

图3-1-3　刻漏计时器

来源：元代奇人郭守敬 兢兢业业的科学家－齐齐
哈尔诗词网（edusy.net）

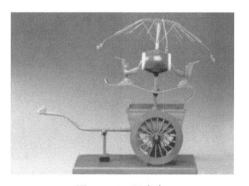

图3-1-4　司南车

来源：穿越了！2400年前齿轮已经转动-齐鲁晚
报·齐鲁壹点（qlld.com）

二、思政内涵释义

该思政元素来自教学内容本身，该教学内容属于自动控制理论课程中"绪论"部分。

从自动控制的发展来看，我国不是一直落后的，在古代也是引领世界科学技术发展的。

三、思政元素与教学内容的融合

教师讲解国内外自动控制方面的发展历程，详细讲解我国古代在自动控制方面的历史贡献，使学生了解到我国并不是一直落后，在古代也是引领世界科学技术发展的，应以辩证、历史的方法看待事物的发展，增强对我国历史文化的自信。

本案例素材由彭凯老师提供

案例 3.2

中国第一台蒸汽机

一、思政素材

1. 主题

中国第一台蒸汽机。

2. 内容

1840年，西方的"坚船利炮"打开了中国闭关的国门。一批有识之士提出"师夷长技以制夷"的口号，掀起了一场救国图强的洋务运动。以徐寿、华蘅芳为代表的科学家们经过多年的刻苦学习和实践，于1862年初，设计、制造出我国第一台以煤炭为燃料的蒸汽机，极大地推动了中国机械制造业、农业以及其他工业的发展，并为后续机动轮船的制造提供了条件。随后在1865年4月由其设计的第三艘蒸汽轮船"黄鹄"号在下关江面试航成功。"黄鹄"号是中国人自行研制，并以手工劳动为主建造成功的中国第一艘机动轮船，它的建造揭开了中国近代船舶工业发展的帷幕。

在一百多年后的今天，蒸汽机在工业制造等方面仍具有重要作用，学习蒸汽机的工作原理，了解蒸汽动力循环的理论知识仍具有重要意义。

3. 图片

图3-2-1为《博物新编》中的火轮机（蒸汽机）；图3-2-2为中国第一台蒸汽机复原图。

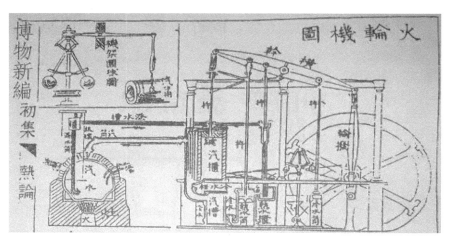

图3-2-1 《博物新编》中的火轮机（蒸汽机）

来源：https://www.163.com/dy/article/H0E7U0BM0552DRBJ.html

图3-2-2 中国第一台蒸汽机复原图

来源：https://www.163.com/dy/article/H0E7U0BM0552DRBJ.html

二、思政内涵释义

教师以洋务运动中国科学家们处于内忧外患的情况下，克服各种艰难险阻制造中国第一架蒸汽机并以其为基础制造出中国第一艘蒸汽动力轮船的实例为引,介绍蒸汽机的工作原理,帮助学生更深刻地了解蒸汽动力循环的相关知识,体会其在工业制造方面的重要性。教师通过向学生展示蒸汽机图片及各种蒸汽动力循环的系统图,对比各个时期蒸汽机的相关资料,介绍蒸汽机的发展历程,让学生深刻感受国内外蒸汽机不断发展改进的过程,激发学生的学习兴趣、报国热情以及文化自信。

三、思政元素与教学内容的融合

"蒸汽动力循环"这一章,是基于前一章"实际气体和水蒸气的性质"的理论知识,对于各种蒸汽动力循环的学习,并通过中国第一架蒸汽机的发明过程,了解我国最早的蒸汽机。教师通过向学生展示蒸汽机图片及各种蒸汽动力循环的系统图,提高学生学习相关知识的兴趣;介绍华蘅芳和徐寿刻苦钻研知识并离乡报国的事迹,激发学生报效祖国的热情。教师根据专业课教学,使学生在掌握专业理论知识的同时,培养学生的爱国之情,同时树立学生的文化自信。

本案例素材由刘振刚老师提供

案例 3.3

竹子变形

一、思政素材

1. 主题

竹子变形。

2. 内容

郑板桥《竹石》的诗中写道:"咬定青山不放松,立根原在破岩中。千磨万击还坚劲,任尔东西南北风。"这首诗中蕴含哪些力学知识?学生经过思考作答:首句把竹子看成一段固定一端自由,东西南北风相当于给竹子施加水平扰动的荷载。分析竹子的结构特征:竹子看成圆截面,空心的截面要比实心的截面惯性矩大,竹子每隔一段就有一段硬结,增加了多余约束,提高了竹子的稳定性。其实这首诗也可以放到梁的弯曲变形中,简化成力学模型,教师可以让学生在水平均布荷载下计算悬臂梁自由端的挠度与转角。教师可以通过诗词文化让同学们发觉其中的力学知识,增强文化自信,改变学生以往的认知——力学不是冷冰冰的公式,而是富有诗情画意的一门学科。

3. 图片

图3-3-1为郑板桥《竹石》。

图3-3-1 郑板桥《竹石》

来源：https://www.puchedu.cn/jianbihua/595eb246bb5d6582.html

二、思政内涵释义

本素材可与材料力学基础中的"变形"进行关联。

竹子看成一段固定一端自由，东西南北风相当于给竹子施加水平扰动的荷载。分析竹子的结构特征并放到梁的弯曲变形中，简化成力学模型，这样可以让学生在水平均布荷载下计算悬臂梁自由端的挠度与转角。教师通过诗词文化让同学们发觉其中的力学知识，增强文化自信，改变学生以往的认知——力学不是冷冰冰的公式，而是富有诗情画意的一门学科。

三、思政元素与教学内容的融合

材料力学基础课程中很重要的一个知识点是对结构的强度进行分析。教师通过竹石这首诗，引入梁结构，可把竹子看成一段固定一端自由，东西南北风相当于给竹子施加水平扰动的荷载。教师分析竹子的结构特征：竹子看成圆截面，空心的截面要比实心的截面惯性矩大。除此之外描写竹子的还有很多："有节骨乃坚，无心品自端。""墙上芦苇，头重脚轻根底浅；山间竹笋，嘴尖皮厚腹中空。""几经狂风骤雨，宁折不易弯。"

生活中，由于久坐会感到腰疼，这时很可能腰椎间盘突出，借助力学知识让学生解释；人体直立起来腰椎可以看成是立柱，柱子能够很好地承受压应力，弯腰时腰椎可以看作悬臂梁，抱重物的时候，腰椎尾部相当于悬臂梁根部，受到较大的拉应力；故抱重物的时候一定要靠近胸部，坐着上课的同学们一定坐直，不要趴在桌子上，减小腰椎根部拉应力。

教师通过讲解，让同学们发觉诗词中和生活中的力学知识，增强文化自信，改变学生以往的认知——力学不是冷冰冰的公式，而是富有诗情画意的一门学科。学生体会到可用学到的力学知识解决生活中的问题。

本案例素材由郑伟玲老师提供

案例 3.4

"神威·太湖之光"计算能力介绍

一、思政素材

1. 主题

"神威·太湖之光"计算能力介绍。

2. 内容

"神威·太湖之光"超级计算机是由我国并行计算机工程技术研究中心研制，安装于国家超级计算无锡中心的超级计算机，其峰值速度为12.5亿亿次每秒，持续性能为9.3亿亿次/秒，是国内第一台全部采用国产处理器构建的超级计算机，共安装了40 960个中国自主研发的"神威26010"众核处理器，该处理器采用64位自主神威指令系统，是中国首台未使用美国芯片技术且运行速度排名世界第一的计算机。华尔街日报报道称，"凭借一套搭载本土自主研发处理器芯片的世界一流超级计算机系统，中国巩固了在这一计算机最高领域的领导地位"。"神威·太湖之光"的应用成果中有三项获得计算机高性能应用领域的"诺贝尔奖"——戈登贝尔奖提名，其中一项最终获奖。

3. 图片

图3-4-1为"神威·太湖之光"超级计算机。

图3-4-1 "神威·太湖之光"超级计算机

来源：https://baijiahao.baidu.com/s?id=1741572193825887314&wfr=spider&for=pc

二、思政内涵释义

该思政元素来自教学内容本身，该教学内容属于计算流体力学的引入章节课程内容。

"神威·太湖之光"超级计算机是我国首台未使用美国芯片技术，且于2016—2017年排名世界第一的计算机，教师由此激起同学们对我国自主研发芯片及相关技术的自豪感，树立学生的文化自信；教师通过介绍近年来美国对我国在芯片领域的技术封锁，激发同学们的爱国热情及使命感，激起其在相关领域的学习热情。

三、思政元素与教学内容的融合

在计算流体力学的引入章节课程中，教师首先介绍计算流体力学的历史、发展、相关应用，进一步介绍能够使得计算流体力学成功应用的具体条件，介绍我国目前所具备的计算条件，在此基础上引出我国的超级计算机及其在世界上的排名，让学生直观感受到我国在相关领域的技术先进程度，增强学生对我国自主研发芯片及计算机技术的自豪感和荣誉感，激发其学习并投身相关领域的热情。

本案例素材由陈玲玲老师提供

案例 3.5

第五代DCS弯道超车

一、思政素材

1. 主题

第五代DCS弯道超车。

2. 内容

在讲述DCS的发展历史和趋势时，教师介绍第五阶段全网络化时期的代表产品时，提醒学生注意出现了国产化的代表性产品，分别是北京和利时信息技术有限公司的HOLLiAS MACS-F 系统、HOLLiAS MACS-S系统以及浙江中控技术股份公司的WebField JX 、WebField ECS系列控制系统，引导学生认识"弯道超车"。教师引导学生讨论弯道超车的必要性和可行性，增强学生认知。

3. 图片

图3-5-1为分布式控制课程。

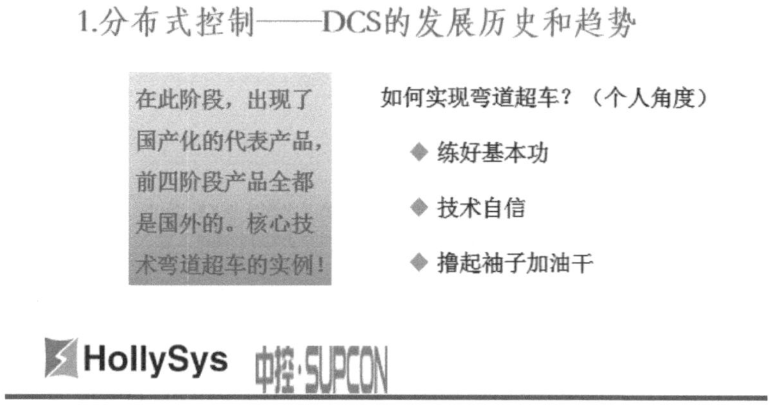

1. 分布式控制——DCS的发展历史和趋势

在此阶段，出现了国产化的代表产品，前四阶段产品全都是国外的。核心技术弯道超车的实例！

如何实现弯道超车？（个人角度）
- 练好基本功
- 技术自信
- 撸起袖子加油干

HollySys 中控·SUPCON

图3-5-1 分布式控制课程

二、思政内涵释义

该思政元素应用于分布式控制课程。

第五阶段全网络化时期的DCS代表产品，出现了国产化的代表性产品，而前面四代的产品全是国外公司生产的。这一实例其实就是技术上"弯道超车"的体现，教师讨论弯道超车的必要性和可行性，引导学生认知，树立学生科技强国、技术自信、撸起袖子加油干的精神。

三、思政元素与教学内容的融合

该实例充分说明了技术上弯道超车是可行的，那么如何实现这一目标，教师引导学生树立科技强国、技术自信、"撸起袖子加油干"的精神。"科技强国"使学生意识到肩负的历史使命和责任，"技术自信"鼓舞学生努力学习刻苦攻关的激情，正好和习近平总书记提出的"撸起袖子加油干"的精神相契合。

本案例素材由宋叔飚老师提供

案例 3.6

古人治水（一）

一、思政素材

1. 主题

古人治水（一）。

2. 内容

大约在四千多年前，我国的黄河流域洪水为患，尧命鲧负责领导与组织治水工作。鲧采取"水来土挡"的策略治水。禹采用了"治水须顺水性，水性就下，导之入海。高处就凿通，低处就疏导"的治水思想。禹治水13年，耗尽心血与体力，终于完成了这一件名垂青史的大业。

都江堰坐落在成都平原西部的岷江上，是秦昭王末年蜀郡太守李冰父子组织修建的大型水利工程，由分水鱼嘴、飞沙堰、宝瓶口等部分组成，两千多年来一直发挥着防洪灌溉的作用，使成都平原成为水旱从人、沃野千里的"天府之国"，是全世界迄今为止年代最久、唯一留存、仍在一直使用、以无坝引水为特征的宏大水利工程，凝聚着中国古代劳动人民勤劳、勇敢、智慧的结晶。

3. 图片

图3-6-1为大禹治水：治水须顺水性；图3-6-2为岷江上的都江堰：筑坝分水，修渠引水。

图3-6-1 大禹治水：治水须顺水性

来源：http://www.360doc.com/content/12/1219/23/699582_255192979.shtml

图3-6-2 岷江上的都江堰：筑坝分水，修渠引水

来源：https://www.163.com/dy/article/I3P0TV1205520U02.html

二、思政内涵释义

本素材可与流体力学基础中的"连续方程"进行关联。

由鲧采取"水来土挡"的治水策略到禹采用"治水须顺水性"的治水策略改变，反映古人对流体流动认识的逐渐深入；进一步到先秦都江堰水利工程的修建，其凝聚着中国古代劳动人民勤劳、勇敢、智慧的结晶。教师通过思政素材使学生了解中国古代劳动人民对流体流动的基本认识，以及应用该知识改变自然而取得的卓越成绩。

三、思政元素与教学内容的融合

在讲授流体连续方程这一节时，教师先介绍鲧采取"水来土挡"的治水策略到禹采用"治水须顺水性"的治水策略改变，以提问形式引导学生思考其中的流体力学知识，在此基础上重点引出课程知识点"流体连续方程"，最后介绍古人的各种重大水利工程，让学生感受到中国古代劳动人民勤劳、勇敢与智慧。

本案例素材由邱华老师提供

案例 3.7

古人治水（二）

一、思政素材

1. 主题

古人治水（二）。

2. 内容

都江堰坐落在成都平原西部的岷江上，是秦昭王末年蜀郡太守李冰父子组织修建的大型水利工程，由分水鱼嘴、飞沙堰、宝瓶口等部分组成，两千多年来一直发挥着防洪灌溉的作用，使成都平原成为水旱从人、沃野千里的"天府之国"，是全世界迄今为止年代最久、唯一留存、仍在一直使用、以无坝引水为特征的宏大水利工程，凝聚着中国古代劳动人民勤劳、勇敢、智慧的结晶。

3. 图片

图3-7-1为都江堰工程布置示意图。

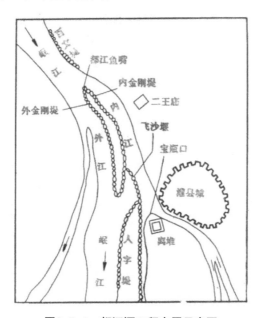

图3-7-1 都江堰工程布置示意图

来源：https://baijiahao.baidu.com/s?id=1771532549296791614&wfr=spider&for=pc

二、思政内涵释义

本素材可与《航空发动机结构分析》中的"发动机中气流运动"进行关联。

类比都江堰中水的流动和发动机中气体的流动，师生讨论都江堰中有哪些控制流动的结构、发动机中有没有类似作用的结构。教师从相似结构的角度介绍发动机中的通道设计、导叶设置、主次分流等结构，让学生更形象地感受到发动机中气流的流动。教师通过思政素材使学生了解中国古代劳动人民对流体流动的基本认识，以及应用该知识改变自然而取得的卓越成绩。

三、思政元素与教学内容的融合

"发动机中气流运动"这一节主要描述气流在发动机中运动的全过程，从进入、压缩、燃烧到做功,气流在发动机设定的结构中运动并完成自己的使命。教师通过都江堰的视频与图片,对都江堰中水流的流动和与之流动相关的结构进行介绍,类比发动机中的气流运动。这样可以使学生更加形象地感受到抽象的气流运动,同时也让学生感受到中国古代劳动人民的勤劳、勇敢与智慧。

本案例素材由高文君老师提供

案例 3.8

流体力学中国发展史

一、思政素材

1. 主题

流体力学中国发展史。

2. 内容

从中国古代大禹治水、李冰修建都江堰的历史,到近代以钱学森、郭永怀、吴仲华老一辈科学家淡泊名利、奉献国家航空航天事业的事迹,教师串联介绍中国的流体力学发展和应用史。

3. 图片

图3-8-1为流体力学史人物；图3-8-2为流体力学史人物二。

图3-8-1　流体力学史人物一

来源：大禹治水：https://www.renrendoc.com/paper/88695564.html

图3-8-2　流体力学史人物二

来源：李冰：https://baijiahao.baidu.com/s?id=1766658651235412985&wfr=spider&for=pc

二、思政内涵释义

我国劳动人民的智慧在古代就已经体现出精湛的技术，近代国家落后挨打，新中国成立初期，老一辈科学家放弃国外优渥生活，返回祖国怀抱。当代我们要继承前辈精神，实现民族复兴。教师应激发学生职业情操和家国情怀、文化自信、历史自信。

三、思政元素与教学内容的融合

教师在绪论第一节流体力学发展史讲解中，介绍我国在流体力学领域的先驱——钱学森、郭永怀、吴仲华等毅然放弃国外优厚生活条件，克服重重困难回国，为国家建设奉献的事迹。教师再介绍我们身边学子们比较了解的行业总师、技术专家的故事，讲述他们如何通过型号工程中的突破技术封锁，艰苦奋斗，攻坚克难，实现大国重器的自主研制的事迹，比如我国载人月球探测工程，天宫空间站研制等，以此激发学生的民族自豪感，树立学生的文化自信。

本案例素材由刘汉儒老师提供

案例 3.9

C919首飞故事

一、思政素材

1. 主题

C919首飞故事。

2. 内容

C919飞机是我国首款完全按照国际先进适航标准研制的单通道大型干线客机，具有我国完全的自主知识产权。最大航程超过5 500千米，性能与国际新一代的主流单通道客机相当。于2017年5月5日成功首飞。编号为B-001A首架交付型C919干线客机，于2022年5月15日6:52从浦东机场首飞，飞机状态良好，达到交付给客户标准。

3. 图片

图3-9-1为C919首飞起飞；图3-9-2为C919首飞成功降落。

图3-9-1　C919首飞起飞

图3-9-2　C919首飞成功降落

来源：https://baijiahao.baidu.com/s?id=1732906599575416937&wfr=spider&for=pc

二、思政内涵释义

该素材内容与流体力学基础课程中"儒科夫斯基升力定理"内容相关联。

C919全称COMAC919，COMAC是C919的主制造商中国商飞公司的英文名称简写，"C"既是"COMAC"的第一个字母，也是中国的英文名称"CHINA"的第一个字母，体现了大型客机是国家的意志、人民的期望，体现了科技自信与文化自信。

三、思政元素与教学内容的融合

教师通过视频、图片等资料展示C919成功飞上天空实现中国梦的过程。教师从C919部件自主知识产权比率引出西北工业大学在机翼气动设计方面的贡献，从而联系儒科夫斯基升力定理讲解推导，体现最复杂的科技产品都是从最简单的理论公式为起点，逐渐复杂化、工程化，凸显科技工作者和工匠奉献精神，激发学生的爱国热情和投身航空领域的学习热情，树立科技自信和文化自信。

本案例素材由刘汉儒老师提供

案例 3.10

珠海航展的先进战斗机与发动机推力公式的推导

一、思政素材

1. 主题

珠海航展的先进战斗机与发动机推力公式的推导。

2. 内容

教师以2021年珠海航展中我国新一代战斗机和发动机为例,说明国家日益强大,科技实力日益增强,这些都是由于无数科学家、工程师和工匠们背后的默默奉献。大学生学习知识基础对未来从事航空航发专业工作非常重要。

3.图片

图3-10-1为我国先进的J-20战斗机珠海航展飞行动作表演；图3-10-2为我国自主研制发动机矢量喷管。

图3-10-1 我国先进的J-20战斗机珠海航展飞行动作表演

来源：https://photo.81.cn/jrfc/2012-11/11/content_5679168_14.htm

图3-10-2 我国自主研制发动机矢量喷管

来源：https://baijiahao.baidu.com/s?id=17142220089685380755&wfr=spider&for=pc

二、思政内涵释义

该素材内容与流体力学基础课程中"流体动力学基本方程动量方程"内容相关联。

先进战机和发动机代表了一个国家的综合科技实力，其研制过程需要有情怀，耐得住"冷板凳"，而且需要严谨扎实的理论推敲，从每一个公式、每一个数字开式。教师应激发学生专业情怀、航空情怀和科技文化自信。

三、思政元素与教学内容的融合

教师通过视频、图片等资料展示我国新一代先进战机和发动机研制过程，引出目前存在的瓶颈技术和我们的最新突破。聚焦航空发动机推力设计和推力的理论计算公式，联系动量定理和黏性流体动力学微分动量方程，从理想条件到有黏条件，有时候就是从最简单的公式进行的分析，凸显科学没有捷径，必须自主研发，从基础做起，激发学生的爱国热情和专业情怀。

本案例素材由刘汉儒老师提供

案例 3.11

百年三峡梦与流体力学静力学

一、思政素材

1. 主题

百年三峡梦与流体力学静力学。

2. 内容

自孙中山先生1918年提出开发三峡水电资源的论著到高峡出平湖,到最终2006年建成,将近百年。三峡工程是迄今世界上综合效益最大的水利枢纽,发挥巨大了的防洪效益和航运效益。它体现了中国人民的创造力和国家制度优势,教师应鼓励学生树立文化自信和民族自信。

3. 图片

图3-11-1为三峡大坝；图3-11-2为平面静力学分析。

图3-11-1 三峡大坝

来源：https://baike.baidu.com/tashuo/browse/content?id=fe67b47aa67d360206e992b6&lemmaId=496331&fromLemmaModule=pcBottom&lemmaTitle=%E4%B8%89%E5%B3%A1%E5%A4%A7%E5%9D%9D&fromModule=lemma_bottom-tashuo-article

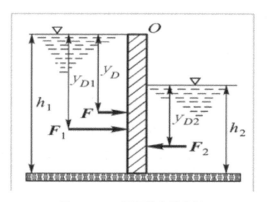

图3-11-2 平面静力学分析

来源：https://www.slideserve.com/zaza/5583593

二、思政内涵释义

该素材内容与流体力学基础课程中"静止流体对平面和曲面的作用力"内容相关联。

大坝的坝体为什么上窄下宽？水闸和水轮机安装位置怎么选取？通航过船的原理是什么？这些都与流体力学静力学的知识密切相关。三峡工程这一举世瞩目的伟大工程在我国实现，正是体现了国家制度优势和人民智慧。教师通过思政元素融入可以激发学生道路自信、制度自信、职业情怀。

三、思政元素与教学内容的融合

教师通过视频、图片等资料展示三峡大坝的建设史和运行原理。联系流体静力学静止流体对平面作用力分析，大坝的坝体为什么上窄下宽？水闸和水轮机安装位置怎么选取？结合坝体设计分析原因。从中引申体现中国人民的智慧力量和国家制度的优势，激发学生的爱国热情和制度自信。

本案例素材由刘汉儒老师提供

案例 3.12

"吴氏理论"

一、思政素材

1. 主题

"吴氏理论"。

2. 内容

教师讲授"两类流面理论"的基本原理，介绍"吴氏理论"的提出人吴仲华先生求学、工作、回国等科研历程及其主要科学贡献；了解"两类流面理论"在发动机设计中的重要作用，以及"吴氏理论"与斯贝发动机之间的关系。

3. 图片

图3-12-1为S2流面；图3-12-2为S1流面；图3-12-3为吴仲华先生；图3-12-4为吴仲华先生"两类流面理论"平稿。

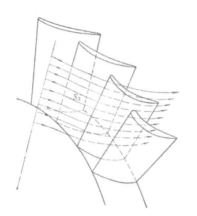 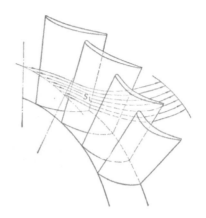

图 3-12-1　S2流面　　　　　图 3-12-2　S1流面

来源：https://www.zhihu.com/question/46381860?utm_id=0

 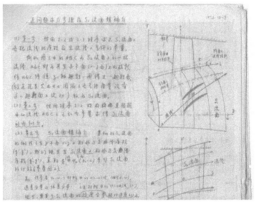

图3-12-3　吴仲华先生　　　　图3-12-4　吴仲华先生"两类流面理论"平稿

来源：https://baike.baidu.com/item/%E5%90%B4 　　来源：https://sghexport.shobserver.com/html/
%E4%BB%B2%E5%8D%8E/3472630　　　　　　　baijiahao/2022/08/04/816730.html

二、思政内涵释义

本素材可与叶轮机械原理课程中的"径向平衡方程"部分进行关联。

吴仲华先生在1950年左右在NASA工作时提出的"吴氏理论"，巧妙地将叶轮机械复杂的三维流场降维为两个二维流面进行计算,即"两类流面",大幅降低了航空发动机叶轮机械的计算成本,是国际上少有的以中国人命名的科学理论,这反映了我国科学家对现代科学、现代航空的贡献。

三、思政元素与教学内容的融合

教学目的是让学生掌握压气机叶片径向设计方法与典型扭向规律,了解现代航空叶轮机械三维叶片的设计方法,了解叶片三维设计解决问题的思路。叶轮机械设计非常复杂,而"两类流面理论"巧妙地将叶轮机械复杂的三维流场降维为两个二维流面进行计算。学生在互动答题的过程中,建立"两类流面理论"的初步概念,了解航空叶轮机械叶片三维气动设计的基本流程;结合"斯贝发动机"的引进与研制,了解我国科学家家的杰出贡献与"中国心"面临的困境,从而激发爱国热情和投身航空领域的学习热情。

本案例素材由高丽敏老师提供

案例 3.13

徐建中院士在叶片机发展中的贡献

一、思政素材

1. 主题

徐建中院士在叶片机发展中的贡献。

2. 内容

徐建中院士在对航空发动机热力学基础研究中提出了三元激波理论以及对发动机中三维流动理论、跨声速理论、黏性流动理论的完善,极大缩小了中国航空发动机理论研究同西方同时代研究的时代差距。教师通过对优秀基础理论研究人员作出的卓越贡献进行剖析,讲述我国科研人员为世界航空发动机研制打下的坚实的基础。教师将科学精神与科学家们具体研究成果相结合,使学生们认识到基础理论研究的重要性,也增加了学生对先进航空发动机知识的理解与认识。

3. 图片

图3-13-1为超跨声速叶栅激波系；图3-13-3为三维弯叶片。

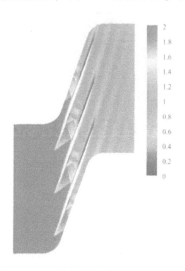

图3-13-1　超音平面叶栅马赫数云图

来源：杨世豪. 超音压气机转子的起动特性及内部流动组织研究. 博士学位论文：中国科学院大学，2017.

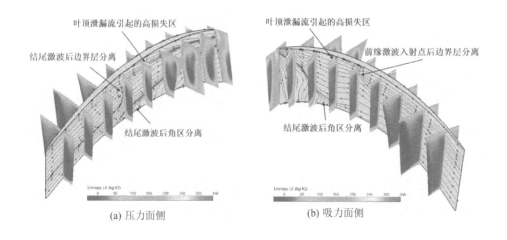

图3-13-2　激波增压转子叶表极限流线及垂直于流向截面熵分布

来源：赵庆军,周小勇,赵巍,徐建中. 对转压气机内部流动机理及设计方法研究. 中国科学：技术科学，2020, 50(10): 1359-1375.

二、思政内涵释义

本素材可与叶轮机械原理课程中的"叶片机的发展概况"进行关联。

教师从人物的成就和在航空领域作出的卓越贡献引出关注点——飞机发动机中的叶轮机械。教师通过展示徐建中院士在叶轮机械中的进行的基础理论研究工作，使同学们认识到基础研究的重要性，引起学生对专业理论课程的兴趣和重视。学生在之后理论的学习中也不会觉得枯燥，建立起对航空发动机中叶轮机械理论的基本认识。教师结合徐建中院士的成就，让学生了解我国科研人员在航空叶轮机械的基础研究作出的成果，凸显出我国航空发动机在理论基础上的先进性，引起学生们对理论学习的兴趣，激发学生们对祖国航空事业的热爱和民族自信。

三、思政元素与教学内容的融合

"绪论"这一节是对于叶片机知识的概括性论述，对于叶片机原理的整体知识结构体系的讲解，介绍叶片机的基本概念以及叶片机的大致分类，介绍叶片机理论知识在航空发动机上应用。

徐建中院士在对航空发动机热力学基础研究中提出了三元激波理论以及对发动机中三维流动理论和跨声速和黏性流动理论，极大缩小了中国航空发动机理论研究同西方同时代研究的时代差距，填补了中国在该方面的理论和实验空缺，给学生带来了优秀航空发动机理论。教师通过介绍专家的艰辛研究的奋斗史，让学生体会到在西方对我国进行技术封锁的严酷科研环境下，中国航发知识分子艰苦奋斗，实现技术的突破。同时教师通过介绍徐建中院士的研究内容，使得学生了解先进航空发动机理论，激发学生对本课程的兴趣，提高学生自主学习的积极性。

本案例素材由高丽敏老师提供

案例 3.14

现代燃气涡轮的最早雏形——走马灯

一、思政素材

1. 主题

现代燃气涡轮的最早雏形——走马灯。

2. 内容

在我国古代，元宵、中秋等传统节日时民间风俗要挂花灯，走马灯为其中一种常见形式，和现代灯笼类似。外形常为宫灯状，多在灯外罩的各个面上绘制古代武将骑马的图画，或在轴中央装两根交叉细铁丝并在铁丝每一端粘上人、马之类的剪纸，当灯转动时看起来好像几个人或物你追我赶一样，故名走马灯。走马灯上有平放的叶轮，下方有燃烛或灯，热气上升带动叶轮旋转，这正是现代燃气涡轮工作原理的原始应用。

通过讲解现代燃气轮机最原始的雏形——走马灯的故事，引起学生的关注和兴趣。教师首先介绍国内外不同时期与走马灯工作原理类似的机械装置的出现时间与发明人，指出现代燃气轮机的最原始的雏形——走马灯——最早出现在我国宋朝。然后教师介绍走马灯的工作原理和奇闻轶事，并使用动图与静图结合的方式进行展示，让学生对燃气涡轮的工作原理有更加直观的理解，最终实现将我国历史长河中的物质文化遗产与现代工业皇冠上明珠的工作原理的有机融合。

3. 图片

图3-14-1为走马灯的结构图；图3-14-2为起马灯原理示意图。

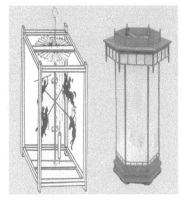

图3-14-1　走马灯的结构图

来源：https://new.qq.com/rain/a/20230604A050BA00?no-redirect=1

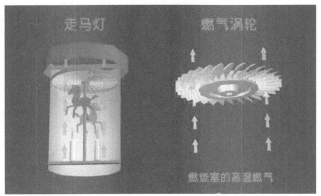

图3-14-2　起马灯原理示意图

来源：http://www.360doc.com/content/16/1228/00/4981404_618327228.shtml

二、思政内涵释义

本素材可与航空叶片机原理中的"轴流涡轮级工作原理"内容进行关联。

教师首先指出现代燃气涡轮最原始的雏形——走马灯最早出现在我国宋代，通过走马灯的前世今生、相关逸闻趣事和诗词歌赋的介绍，切入其工作方式的讲解，进一步引出现代燃气涡轮的工作原理的学习。最后教师强调，作为装备制造业皇冠上的明珠，燃气涡轮技术既是一个国家高新技术水平及科技实力的重要标志，也是一个国家综合实力的体现。这样在了解现代燃气涡轮的工作原理时，教师融入该思政要素，增强学生的民族自信心、文化自信心和自豪感，激发学生的爱国热情，培养学生立志献身祖国的远大理想和情怀。

三、思政元素与教学内容的融合

"轴流涡轮级工作原理"这一节对涡轮转子的工作原理、能量转换过程、气流在涡轮级中的流动情况进行讲解，掌握燃气涡轮为什么能够旋转并带动压气机对流压缩做功，同时了解现代燃气涡轮的前世今生。

教师通过GIF动图、静态图片展示来直观地呈现燃气涡轮的基本工作形式，激起学生对学习内容的兴趣，同时通过一些与走马灯相关的奇闻轶事和诗词歌赋等活跃课堂气氛，最后强调出现在我国宋代的走马灯是现代燃气轮机最原始的雏形，充分证明了我国古代人民的智慧。教师通过专业课程教学，使学生在掌握燃气涡轮工作原理的同时，也增强民族自信心、文化自信心和自豪感，实现专业能力素养的提升并更有利于学生树立献身祖国的远大理想和情怀。

本案例素材由茅晓晨老师提供

第四章

责任担当类

案例 4.1

空天发动机动力循环分析

一、思政素材

1. 主题

空天发动机动力循环分析。

2. 内容

当前大国之间的航空航天竞争日益激烈,空天飞行器代表了一个国家在这个领域的技术实力,组合动力装置是各国技术较量的焦点。当前俄乌冲突一方面显示了国防技术的重要性,同时也可以看出传统的航空技术无法满足当前的国防要求,无人化、智能化、高速化是未来战场的主力。组合动力是高尖端无人导弹、空天飞机的动力装置。面对国际某些发达国家的军事打压,自主的研究不可或缺。

我国目前已研制了冲压组合等不同类型的组合动力装置,尤其在2022年,我国完成了液体火箭冲压组合发动机、组合循环发动机等整机试验。但是我们要看到和美国以及北约国家相比,我国在工程应用及装备上稍有差距。我们这一代人仍需要不断地努力,担起我们中国航空发动机赶超世界先进水平的责任和使命。

3. 图片

图4-1-1为预冷ATREX循环结构图；图4-1-2为ATREX发动机势力循环P-V图。

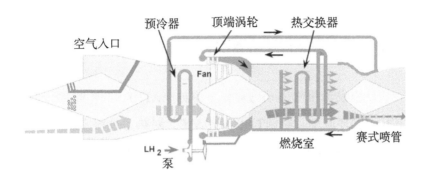

图4-1-1 预冷ATREX循环结构图

来源：https://baijiahao.baidu.com/s?id=17491830126131 40093&wfr=spider&for=pc

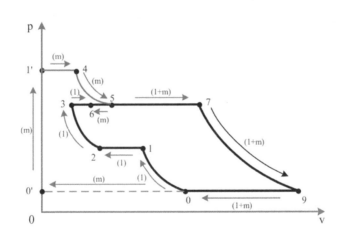

图4-1-2 ATREX发动机势力循环P-V图

来源：周倩楠，预冷ATREX发动机新型循环性能优化研究[D]，哈尔滨工业大学硕士学位论文。

二、思政内涵释义

本素材内容与工程热力学课程中"气体动力循环"内容相关联。

教师通过讲述典型ATREX与SABRE两种带预冷吸气式发动机的基本工作原理，分析当前空天组合发动机的基本研究原理和创新性，同时有助于学生了解目前动力装置的发展前沿以及我国航空航天事业在该领域的进步，体会我国航空航天科研人员的探索精神。该案例的介绍更容易使专业知识直入人心，也能更有效引导学生树立职业自豪感和使命感，强化人才培养的效果。

三、思政元素与教学内容的融合

教师在"航空发动机气体动力循环"中补充ATREX与SABRE的热力过程分析，讲解其热力循环原理，绘制T-S图或P-V图，对热力过程完成图形分析并且完成性能参数的计算方法的推演，让同学理解空天组合发动机的工作本质，了解航空航天技术发展过程中的工程热力学思维。同时，教师也将对目前航空航天动力装置的发展前沿进行科普介绍，让同学理解工程热力学在航空航天技术发展中的重要作用。教师再结合国际大国在组合发动机以及高超声速武器装备的研制情况、分析其未来的发展方向，让学生感受到肩头的责任，在实现专业能力素养提升的同时树立献身祖国的远大理想。

本案例素材由胡剑平老师提供

案例 4.2

国家数值风洞工程以及相关国产CFD套件软件的发展和功能简介

一、思政素材

1. 主题

国家数值风洞工程以及相关国产CFD套件软件的发展和功能简介。

2. 内容

"数值风洞"是计算流体力学（Computational Fluid Dynamics，CFD）及相关技术与高性能计算机的软硬件组合体，能够像物理风洞一样生成飞行器设计所需的气动数据，进行各种复杂外形和复杂流动的数值实验。

20世纪70年代以前，飞机设计主要依赖风洞实验，自20世纪80年代以来，CFD逐渐取代部分风洞实验，在飞机设计中所占有的比重越来越大，节省大量的时间和经济成本。在其他领域，如航空发动机设计等领域，CFD也显示出其极大的优越性。但是美欧等发达国家和地区高度重视"数值风洞"开发和研制，并取得了重要进展，推出了一系列网格生成、流场解算、多学科耦合分析与优化、流场可视化等成体系的套装软件，并基本垄断了国际市场。2018年以来，由于美国对中国技术封锁升级，使得我国在不同领域面临"卡脖子"问题，在"数值风洞"或者CFD软件方面存在潜在的技术安全问题。

为此，我国2018年底启动了国家数值风洞(National Numerical Windtunnel, NNW)工程。该工程由中国空气动力研究与发展中心牵头建设，联合国内外30余所知名高校、10多家优势科研院所、3家高新软件企业协同攻关，旨在自主发展算法模型、自主研发系列通用CFD软件、自主研制高性能计算机，建成拥有自主知识产权、国内开放共享的空气动力数值模拟平台，满足航空航天等领域对自主CFD软件产品的迫切需求。

经过几年的研究和攻关，目前已经面向全国发布了国内首款可控开源流体工程软件PHengLEI、网格划分软件GridStar等软件。这些软件能够完成国外同类软件的部分功能，由于采用了先进的技术（例如使用了精度较高的离散格式），在有些方面（例如计算精度）领先于国外同类软件。

3. 图片

图4-2-1为国家数值风洞工程通用CFD软件NNW-PHengLEI计算结果；图4-2-2为国家数值风洞工程网格划分软件NNW-GridStar界面；图4-2-3为基于NNW-GridStar软件划分网格的计算结果。

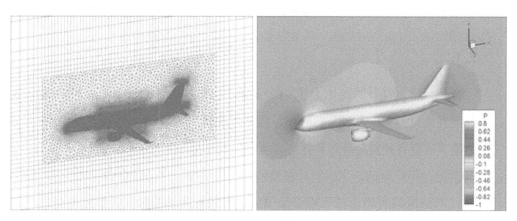

图4-2-1　国家数值风洞工程通用CFD软件NNW-PHengLEI计算结果

来源：https://www.zhihu.com/question/354388622/answer/2867220022

第四章 责任担当类

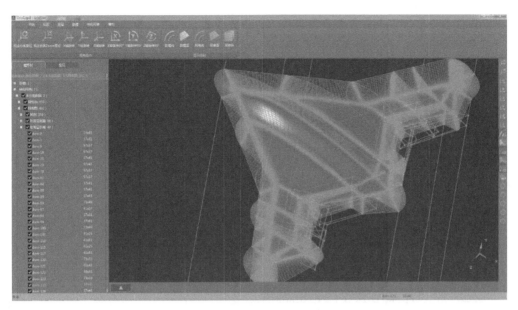

图4-2-2 国家数值风洞工程网格划分软件NNW-GridStar界面

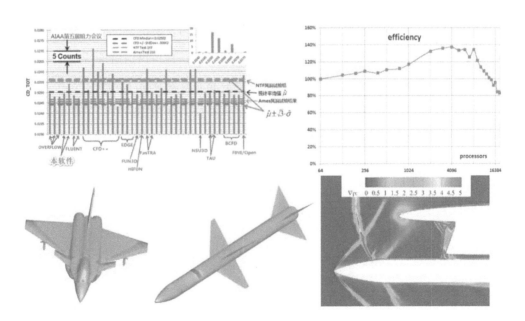

图4-2-3 基于NNW-GridStar软件划分网格的计算结果

来源：http://www.cardc.cn/nnw/

二、思政内涵释义

本素材内容与有限体积法及其在CFD中的应用课程中"CFD软件以及总结"内容相关联。

结合国际形势，教师通过讲述CFD软件的重要性以及我国目前CFD软件受制于人的现状，激发学生的使命担当感，提升学生学习动力；再通过介绍我国目前"数值风洞"工程中取得的重要进展，增强学生学习和工作的勇气，坚定我国自主研发国产CFD软件的信心和决心。

三、思政元素与教学内容的融合

首先，教师引入"数值风洞"的概念，介绍其功能，着重强调其对国家科技发展的重要性，激发学生的学习兴趣；介绍国外目前的发展现状，说明我国在这方面面临一些问题；其次，教师通过PPT（图片）向学生引入我国启动"国家数值风洞"工程的相关背景，介绍其必要性和重要性；最后，教师结合PPT（图片）介绍"国家数值风洞"发展情况以及目前取得的重要成果，介绍相关软件的功能以及特点，激发学生的责任担当，树立独立发展的自信心。

本案例素材由刘振刚老师提供

案例 4.3

制冷行业的探索者

一、思政素材

1. 主题

制冷行业的探索者。

2. 内容

空气调节涉及的制冷设备是与工农业生产和国民经济以及人民生活密切相关的机械装备。CCTV发现之旅"工匠精神"之《制冷行业的探索者》，讲述了制冷空调企业，通过技术创新，开发新型散热器，体现了中国制造业的开拓进取、精益求精、打造卓越产品的"工匠精神"。制造企业通过研发成功微通道平行流冷凝器，实现制造业水平的"弯道超车"。

3. 视频

《制冷行业的探索者》，免费在线观看。

图4-3-1 微通道冷凝器

来源：http://v.qq.com/x/page/a0378rdzas3.html

图4-3-2 制冷系统过滤器

来源：http://v.qq.com/x/page/a0378rdzas3.html

二、思政内涵释义

本素材内容与空气调节课程中"绪论"内容相关联。教师通过介绍国内外空调发展历史和现状，让学生从宏观了解学习本课程的目的。

目前中国已发展成为全球最大的制冷空调设备生产国和消费国，几乎所有种类的制冷空调产品在我国都有生产和供应，多种产品的产量位居世界第一，制冷空调行业已成为我国装备工业的有生力量和国民经济的重要组成部分。

通过了解制冷空调设备企业的"工匠精神"，学生感受到空气调节与本专业传热、流体等基础课程密切相关，从而激起建设国家的情怀和对学习课程的热情，也坚定投身工业领域科技创新的信心。

三、思政元素与教学内容的融合

空气调节课程第一章"绪论"包括空气调节的任务和作用、空调系统的组成、空调技术的应用和发展等内容。教学要求包括：了解空气调节的任务和作用，空调技术的应用和发展，可持续发展战略对空调技术的要求。

通过本视频，学生了解到空调制冷技术所涉及的行业领域非常广，空调制冷技术进步需要不断与国民经济战略需求和新兴产业相结合，每个零部件研制都需要发扬"工匠精神"，不断创新。同时，助力国家实现2030年碳达峰、2060年碳中和的目标，制冷空调行业践行绿色发展理念，必须在材料、方式和制作工艺等领域，搭建与制冷空调产品全生命周期环境效益相关联的绿色产业链。

本案例素材由成珂老师提供

案例 4.4

中国航空发动机研发历程

一、思政素材

1. 主题

中国航空发动机研发历程。

2. 内容

我国航空发动机的研制始于20世纪50年代，其中涡喷-5是沈阳航空发动机厂根据国外发动机的技术资料仿制的第一种国产涡喷发动机，属于第一代喷气发动机。随着时间的推进，我国航空发动机的研制已经从引进国外发动机的仿制阶段到自主研发阶段，目前已经建立了相对完整的发动机研制生产体系，向世界先进水平迈进。比如涡喷-14型（又称"昆仑"）发动机就是我国自行研制的第一台具有全部知识产权的中等推力级加力涡轮喷气发动机。涡扇-10发动机（又称"太行"）是中国首个具有自主知识产权的高性能、大推力、加力式涡轮风扇发动机，它结束了国产先进涡扇发动机的空白。但是我们和国外最先进水平还存在一定差距，我们这一代人仍需要不断地努力，担起我们中国航空发动机赶超世界先进水平的责任和使命。

3. 图片

图4-4-1为WP-5喷气发动机；图4-4-2为"昆仑"涡轮喷气发动机；图4-4-3为涡轮喷气发动机示意图。

图4-4-1　WP-5喷气发动机

来源：https://weibo.com/ttarticle/p/show?id=2309404083869769979279

图4-4-2　"昆仑"涡轮喷气发动机

来源：https://weibo.com/ttarticle/p/show?id=2309404083869769979279

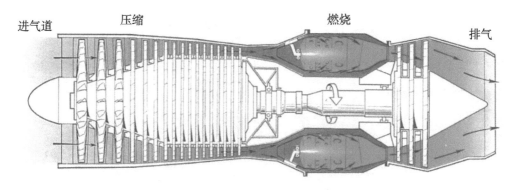

图4-4-3 涡轮喷气发动机示意图

来源：Rolls-Royce, The Jet Engine, Fifth edition, ISBN 0902121 235.

二、思政内涵释义

本素材内容与工程热力学课程中"气体动力循环"内容相关联。

教师以涡喷-5发动机为例，从中国研制的第一种喷气式发动机开始介绍，引出空气喷气发动机循环。教师再讲解我国喷气式发动机如何从涡喷-5开始的仿制生产到第一款属于我国研制的具有全部知识产权的涡轮喷气发动机，再到今天的涡扇-10、涡扇-20，让学生感受航发人在研制我国航空发动机历程中的巨大付出与艰难探索，激发学生对航发事业的兴趣和热情，让学生更加坚定投身祖国航空领域，为发展航空事业作出贡献的决心。

三、思政元素与教学内容的融合

"空气喷气发动机循环"这一节是前一节"燃气轮机循环"的一个特例。本节主要对涡轮喷气发动机的理想循环、提高其循环功和推进效率的办法以及冲压式喷气发动机的理想循环等进行学习。教师通过图片向学生们展示各型号发动机和喷气发动机循环原理图，并提出问题：空气喷气发动机循环与燃气轮机循环有什么关系？循环的不同阶段分别发生在发动机的哪个部件位置？"……让学生在问答互动中对空气喷气发动机循环有基本的了解。教师介绍我国发动机的发展历程，并配以相关发动机图片，提高学生对课程的学习兴趣。教师介绍各种航空发动机型号，激发学生对航发事业的热爱以及主动探索航发知识的热情。教师再以专业课教学，让学生在掌握专业理论知识的同时，提高对航发研究的兴趣。

本案例素材由刘振刚老师提供

案例 4.5

歼-10发动机空中停车故障

一、思政素材

1. 主题

歼-10发动机空中停车故障。

2. 内容

2009年3月，一架空军歼-10战斗机在空中进行飞行科目训练时，引擎突然熄火，完全丧失动力的歼-10竟从1 100m高空急速向下坠落！驾驶这架歼-10战斗机的是空军航空兵某团副团长、特级飞行员李峰。正当李峰驾驶的歼-10距离机场还有6km时，飞机发动机出现了严重问题，飞机彻底丧失了动力。李峰凭借高超的飞行技术，准确无误地操纵飞机在跑道上着陆。从飞机发动机空中停车到成功迫降仅用了1分44秒。李峰成为成功处置国产单发新型战机空中发动机停车故障、安全返航第一人，创造空军史上的奇迹。

3.图片

图4-5-1为歼-10为单发发动机。

图4-5-1　歼-10为单发发动机

来源：https://www.163.com/dy/article/HMUT73GD0515IDLV.html

二、思政内涵释义

教师在讲解发动机叶片故障时，让学生观看歼-10发动机空中停车故障视频。飞行员为避免地面人们受伤害，冒着机毁人亡的风险控制飞机实现软着陆。教师一方面讲述飞行员舍己为国、敢于牺牲、勇于奋斗的精神，另一方面强调为了避免类似事故的发生，发动机行业的学生一定要设计出质量过硬的发动机，要站在国家的角度考虑问题，具备高度的责任感，要在学校努力学习专业知识，将来工作中严格认真把控设计关，尽可能避免发动机各类设计方面引起的故障。

三、思政元素与教学内容的融合

教师在讲授发动机轮盘等安全设计时，先引入安全系数概念，保证飞行结构的安全，并着重强调发动机可靠性的重要性；再以视频的方式介绍李峰的先进事迹，一方面感受飞行员李峰舍己为国的家国情怀，另一方面让学生进一步加深对结构安全性和可靠性的认识，重视发动机故障给飞行带来的严重隐患，强化学生的责任与担当意识。

本案例素材由唐俊星老师提供

案例 4.6

我国航空发动机发展的现状

一、思政素材

1. 主题

我国航空发动机发展的现状。

2. 内容

教师介绍航空发动机工作特点时,讲解发动机涡轮前温度的变化趋势,介绍我国和国外发动机的发展水平,让学生逐步认识到,经过前人的不懈努力,我国已取得的一定成就,增强自豪感,激发学生将来进一步为之奋斗的热情,树立远大理想,为进一步推进国内航空发动机事业的进步而努力学习。

3. 图片

图4-6-1为涡轮材料发展演变；图4-6-2为涡轮前温度逐年增加的趋势。

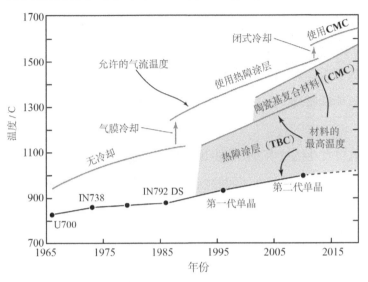

图4-6-1　涡轮材料发展演变

来源：http://gongtaochina.com/front/mobile/contentInfo/190/42

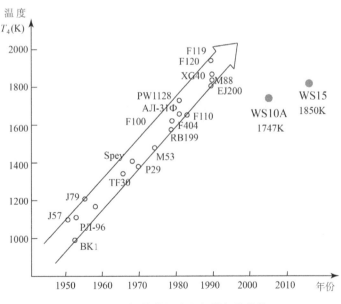

图4-6-2　涡轮前温度逐年增加的趋势

来源：廉筱纯，吴虎，航空发动机原理[M].西北工业大学出版社，2005.

二、思政内涵释义

航空发动机是国之重器,是实现我国国防安全保障和国家工业进步的核心力量之一。航空发动机号称现代工业皇冠上的明珠,结构精密复杂,对技术水平和研发能力有很高的要求。对于战斗机来说,一台好的发动机是战机实现最佳性能、充分发挥作战效能的基础,是决定一场战争胜负的重要因素,进而关系到国家的国防安全。

中国的航空发动机技术虽然起步比较晚,但是经过这些年的奋力追赶,现在已经取得了较大的突破。但是在军用领域,中国要走的路还是比较长的。我们这代人应肩负历史使命,努力奋斗,将我国航空发动机工业推向更高水平,为国防工业作出自己的努力和贡献。

三、思政元素与教学内容的融合

本思政素材应用于航空发动机强度分析课程。

教师先介绍航空发动机两项关键材料:粉末高温材料和单晶材料,然后进一步引申出我国航空发动机发展的现状。教师再指出两方面的进步,都需要大量的人力物力的投入,如要推向更高水平,需要更大量的研发人员继续努力,解决航空发动机的"一盘两片"问题。以下为两项关键材料的发展现状:

(1)粉末涡轮盘,粉末涡轮盘是航空发动机涡轮的关键部件,具有使用温度高、性能优异、高可靠、长寿命等特点,中国自主研制了四代涡轮盘材料。

(2)单晶叶片是先进材料技术与先进制造技术集成应用的标志,中国自主研制了第一至第四代单晶合金材料体系。

本案例素材由唐俊星老师提供

案例 4.7

我国国产发动机振动问题案例介绍

一、思政素材

1. 主题

我国国产发动机振动问题案例介绍。

2. 内容

在讲解转子叶片振动时,教师介绍我国某型发动机在十多年前的叶片振动故障问题,对我国发动机发展以及国家防空安全产生的严重影响,激励学生努力学习专业知识,解决发动机难点问题,堪当大任,为我国发动机研制贡献力量。

3. 图片

图4-7-1为压气机叶片；图4-7-2为涡轮叶片。

图4-7-1 压气机叶片

来源：Changzhou 3D Technological Complete Set Equipment Co., Ltd. (cz-3d.com)

图4-7-2 涡轮叶片

来源：m.tiexue.net/touch/thread_8776289_1.html

二、思政内涵释义

教师从转子叶片振动及破坏模式，引出叶片振动危害性，介绍某型发动机叶片振动故障的故事。学生在了解叶片振动问题的同时也更清楚其对发动机安全的影响，同时了解我国航空事业的发展历程，凸显我国空军的发展历程及飞机性能提升，激起同学们投身航空领域的热情和责任担当。

三、思政元素与教学内容的融合

该思政素材应用于航空发动机强度分析——转子叶片振动章节。"转子叶片振动——概述"这一节主要对航空发动机振动问题的多发性，叶片振动的原因、模式以及危害性后果进行介绍，引出后续相关章节叶片振动模型与计算方法、叶片振动故障处理。

教师通过视频、图片等资料展示叶片振动问题在我国发动机发展以及国防应用中的具体案例，凸显我国发动机发展的艰辛历程与巨大成就。教师根据专业课程教学，使学生在掌握叶片振动危害性的同时，专业能力提升，激起同学们航空报国、不辱使命的责任担当。

本案例素材由唐俊星老师提供

案例 4.8

把我国"双碳"战略部署带进学生头脑中

一、思政素材

1. 主题

把我国"双碳"战略部署带进学生头脑中。

2. 内容

2020年9月，习近平主席在第75届联合国大会一般性辩论上宣布，中国将采取更加有力的政策和措施，二氧化碳排放力争于2030年前达到峰值，努力争取2060年前实现碳中和，即"双碳"目标。中国的这一庄严承诺，在全球引起巨大反响，赢得国际社会的广泛积极评价。

实现碳达峰、碳中和是一场硬仗。西方发达国家工业化进程长达200年，中国只有60年左右。从现在到2030年前实现二氧化碳排放达到峰值，时间不满10年；从碳达峰到碳中和，发达国家过渡期有六七十年的时间，而中国只有30年时间，可谓"压力山大"。实现碳达峰、碳中和，是一场全方位深层次系统性的变革，这一变革既覆盖国家发展方式，又覆盖社会生活观念，可谓"广泛而深刻"。而目标的达成，不仅仅是政府和企业的事，更需要整个社会自上而下的共同努力，也特别需要热能与动力工程专业的努力，任务重，责任大。

二、思政内涵释义

该思政元素来自教学内容本身，该教学内容属于热能应用技术与原理课程"热力发电厂"与"新能源技术"的教学内容。

首先要改变发展理念，用创新、协调、绿色、开放、共享的发展理念来实现"双碳"目标；另外，要进行结构调整，重点是提高效率，首先考虑的是单位GDP二氧化碳排放量的控制；其次要进行产业结构调整，产业要向价值链高端转移；在重点突破领域上，除了明确的电力、建筑、交通制造业等，消费领域的减排也是一个重要问题。在"热力发电厂"与"新能源技术"中展示新技术的发展前景。

三、思政元素与教学内容的融合

（1）激发学生对人类命运共同体和我国国情的关注。

（2）激发学生学好热能应用技术与原理，今后为我国实现"双碳"目标作贡献的热情。

热能应用技术与原理是一门研究能源应用技术的课程，主要目标是学习能源转换的基本规律和提高能源利用效率的方法。对我国"双碳"战略部署的认识，可以激发学生学好本门课程，今后为我国实现"双碳"目标作贡献的热情。

本案例素材由冯青老师提供

案例 4.9

美国塔科马大桥事故和我国虎门事故

一、思政素材

1. 主题

美国塔科马大桥事故和我国虎门事故。

2. 内容

位于塔科马海峡吊峡的塔科马大桥于1938年开始修建耗时两年成功，1940年7月1日建成通车。桥长1 810m，宽12m，当时为仅次于金门大桥和乔治华盛顿大桥的世界上第三大悬索桥，仅投资就花费高达640万美元，可以说是举世瞩目并且重金打造的项目，然而与泰坦尼克号一样，让人意想不到的是大桥建成后四个月于11月7日就发生了坍塌，这一幕正好被一支摄影队拍摄了下来。这座大桥倒塌时的视频资料被保留了下来，我们可以清晰地看到事故发生的一幕。从视频中可以看到中级风就能够让大桥摇摇晃晃，大桥坍塌时风速仅为19m/s。万幸的是，当时桥身一直在摇晃，桥上没有行人，没有造成人员伤亡。最后科学家对此给出了官方的解释：建桥之前没有充分考虑到空气动力学的原理。空气动力学表示在一定的风速范围内，风穿过大桥的气流会产生两串儿平行的反向漩涡，这些漩涡会发生周期性的作用力。如果这个作用力和大桥之间的作用力产生共振，且振动周期越接近，造成的压力也会越大，最终桥梁结构像麻花一样彻底扭曲了。广东虎门大桥发生异常抖动，不少过往群众表示整个大桥像波浪一样起起伏伏地摇晃，各大平台均热议。官方回应虎门大桥晃动原因：受主桥风速大影响产生涡振。教师通过美国塔科马大桥和我国虎门大桥案例，介绍多种因素影响和结构强度在机械设计中的重要性，同时告诫学生在今后学习工作中要培养严肃谨慎的作风，通过借鉴前人经验，我国新设计的大桥就可以避免发生灾难性事故。

3. 图片

图4-9-1为塔科马大桥事故。

图4-9-1 塔科马大桥事故

来源：http://www.ifuun.com/a2017824310127/

二、思政内涵释义

本素材内容与材料力学基础课程中"强度校核"内容相关联。

教师通过对塔科马大桥和虎门大桥受到风载作用而倒塌或者晃动的例子，引入材料力学对杆件的强度校核。教师通过视频和图片展示结构的破坏过程，强调强度分析和研究对结构的重要性。在进行结构设计和实际工程应用过程中，同学们需根据专业知识严密谨慎地进行相关结构的设计工作，保持对工作的强烈责任感，尽最大努力避免工程事故的发生。

三、思政元素与教学内容的融合

材料力学这门课程是理工科学生的基础必修课，主要是对结构的强度、刚度和稳定性进行分析。通过对塔科马大桥和虎门大桥受到风载作用而倒塌或者晃动的例子，教师引出材料力学知识点——强度校核对工程和机械设计的重大影响；通过视频和图片展示结构的破坏过程，强调强度分析和研究对结构的重要性。在进行结构设计和实际工程应用过程中，同学们要根据专业知识严密谨慎地进行相关结构的设计工作，如若粗心大意，则会造成不可挽回的人民生命和财产的损失；同学们要保持对工作的强烈责任感，尽最大努力避免工程事故的发生。结合发动机振动对发动机的影响，要培养航空发动机专业学生严肃谨慎的作风，增强工作的责任感使命感。

本案例素材由郑伟玲老师提供

案例 4.10

"国之重器"歼-20

一、思政素材

1. 主题

"国之重器"歼-20。

2. 内容

近期,歼-20战斗机亮剑台海,开展实战化联合演习训练!在砺兵台海中,歼-20这一"国之重器",在捍卫国家主权和领土完整中,不辱使命、创立奇功。歼-20是中国自主研制的一款具备高隐身性、高态势感知、高机动性等能力的隐形第五代制空战斗机。歼-20使用的发动机是俄制AL-31FN发动机,如今换装国产WS-10和WS-15发动机,关于歼-20的"心脏"不够给力这个问题,一直是我国军工领域科研人员的一块心病,因为国产发动机能力不足,那么就只能依赖于进口质量和技术更好"外国芯"。这种做法始终受制于人,使得不利于大规模生产装备,也不利于国防现代化。只有将航空发动机技术掌握在自己手中,才能确保中国真正成为空军强国。

3. 图片

图4-10-1为中国歼-20隐形歼击机；图4-10-2为中国空军歼-20集群亮机；图4-10-3为歼-20总师杨伟：歼-20换发只是开端。

图4-10-1 中国歼-20隐形歼击机

来源：https://www.163.com/dy/article/D6729FL10530HDN2.html

图4-10-2 中国空军歼-20集群亮机

来源：https://weibo.com/p/1005055170266416/home?from=page_100505&mod=TAB

图4-10-3 歼-20总师杨伟：歼-20换发只是开端

来源：https://c.m.163.com/news/a/GL24VLL4051597ER.html?spss=newsapp

二、思政内涵释义

本素材内容与飞机发动机设计课程中"飞机发动机发展历程"内容相关联。68年前，从新中国第一台航空发动机M-11试制成功到现在歼-20装备国产发动机，从最初的仿制、改进、改型到现在独立设计制造高性能航空发动机，结束了中国不能独立设计、制造飞机的历史。无论是商用飞机还是军用飞机，都需要更强劲的"中国心脏"。创新发展航空发动机成为国家意志，彰显了中国自主打造航空"心脏"的决心。美国一直没有停止过对中国航空发动机的封锁。飞机发动机是世界上最复杂的工程机械系统之一，涉及气动热力学、燃烧学、传热学、结构力学、控制理论等众多学科，而任何一个学科存在短板都不行。所以，飞机发动机被称为现代工业"皇冠上的明珠"。由于我们对发动机技术的复杂性和研制规律认识不足，长期以来对于飞机发动机的结构设计都是"知其然而不知其所以然"，很难取得技术突破。中国航空发动机从仿制到奋起直追走向世界前列还有很长的距离，教师要鼓励学生们弘扬航空报国精神，奋力推动创新发展，为实现建设航空强国目标而奋斗。

三、思政元素与教学内容的融合

在讲授飞机发动机发展历程这一节，教师通过图片及视频呈现飞机发动机的发展历程，展示包括歼-20在内的各代飞机所使用的发动机型号。第五战斗机对发动机提出了哪些性能要求？商用大飞机对发动机的性能要求有哪些？教师通过引导，使学生学会如何通过飞机的性能需求引出发动机的设计要求，使学生逐步了解发动机设计过程中的技术难点与瓶颈。教师通过分析国产涡扇-10和涡扇-15发动机的研制现状和未来发展，使学生感受到研制国产发动机提升飞机性能对我国空军发展的迫切需求，激发学生树立强烈的责任感和担当意识，积极投身祖国航空事业。

本案例素材由梁红侠老师提供

> 案例 4.11

服务国家"两机"专项,攻克航空动力"卡脖子"技术

一、思政素材

1. 主题

服务国家"两机"专项、攻克航空动力"卡脖子"技术。

2. 内容

众所周知,自中美贸易战爆发以来,美国将中国视为威胁其霸权的主要力量,在各个维度上对中国进行打压,技术垄断便是美国对中国主要的打压手段之一。"十三五"期间我国为推进高端装备制造业的发展,全面启动实施了"两机"重大专项,推动航空发动机和燃气轮机产业的做大做强,也将进一步增强我国高端装备制造业整体国际竞争力。结合国家重大需求,教师引导学生深刻认识解决飞机"心脏病"的重要性和紧迫性,鼓励学生将国家需求与学生个人未来发展规划相结合,增强使命感与责任感。

3. 图片

图4-11-1为G9E第三代TAPS（双环形颈旋流）燃烧室；图4-11-2为PW6000（装配在空客A318上）涡扇发动机。

图4-11-1　G9E第三代TAPS（双环形颈旋流）燃烧室

来源：https://baijiahao.baidu.com/s?id=1687834059899471667&wfr=spider&for=pc

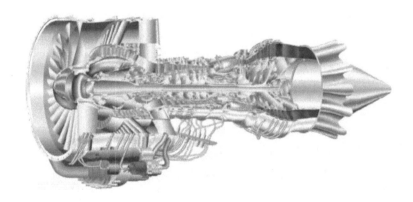

图4-11-2　PW6000（装配在空客A318上）涡扇发动机

来源：http://www.zhuda6.com/new/b6727b682fd94cda953c8108c50da49c

二、思政内涵释义

本素材内容与航空发动机燃烧室课程中"燃烧室的功用"内容相关联。

党的十九届五中全会明确了2035年基本实现社会主义现代化的远景目标，并强调

"关键核心技术实现重大突破,进入创新型国家前列"。航空发动机中高压压缩机、燃烧室和高压涡轮被称为核心机。核心机是民用航空发动机最重要的组成部分,包括了系统中温度最高、压力最大、转速最高的组件和系统,因此,核心机将以更快的速度劣化,成为设计制造的难点。通过分析国产发动机燃烧室的研制现状和未来方向,激发学生的爱国热情和使命担当,为实现中国梦、航空梦作出更大的贡献。

三、思政元素与教学内容的融合

教师在讲授燃烧室功用这一节,从燃烧室严苛的工作环境谈起,通过图片及动画呈现燃烧室的工作过程,并展示在各代发动机中所采用的燃烧技术。新一代航空发动机对燃烧室的性能要求是什么?其技术难点有哪些?学生在互动答题的过程中加深了解燃烧室在航空发动机中的重要功用,明确要解决未来军用航空发动机高推重比、民用航空发动机低污染提出的要求,必须开展先进高温升燃烧室和低污染燃烧室设计研究。教师结合国家"两机"重大专项需求,分析我国燃烧室设计研发技术的不足,对比发达国家的技术差异,激发学生学习斗志和主动学习意识,增强学生们的使命感与责任感,坚定早日攻克航空动力"卡脖子"技术的决心。

本案例素材由梁红侠老师提供

案例 4.12

"碳达峰碳中和"与换热器

一、思政素材

1. 主题

"碳达峰碳中和"与换热器。

2. 内容

2020年9月，习近平总书记在第75届联合国大会首次提出"二氧化碳排放力争于2030年前达到峰值，2060年前实现碳中和"的减排目标。中国作为世界上最大的发展中国家，将比发达国家在时间短得多、碳排放总量大得多、技术起点低得多的情况下实现"净零排放"，要用不到40年的时间，将化石能源的碳排放从100多亿吨下降到20亿吨左右，非化石能源消费占比从15.9%提高到80%以上。作为发展中国家，经济增长仍是刚需，如何统筹"双碳"目标与经济增长，需要技术创新、巨量资金投入和富有智慧的政策机制。

实现碳达峰、碳中和是一场硬仗，充分展现了我国积极参与和引领全球气候治理的大国担当。这与2020年美国前总统特朗普做出退出《巴黎气候协定》的行为形成鲜明的对比，作为全球第二大排放国这是极度自私和不负责任，通过对比更能激发学生的爱国热情，感受国家强大实力的同时，树立强烈的责任感和担当意识，把国家和民族的命运与个人的奋斗目标紧紧联系起来,为实现中华民族伟大复兴贡献青春、智慧和力量。

3. 图片

图4-12-1为换热器在各行业中的广泛应用;图4-12-2为碳达峰碳中和时间表路线图。

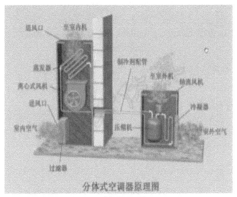

制冷工业

来源:https://zhidao.baidu.com/question/436169171154417564.html

电厂

来源:https://www.163.com/dy/article/H630J0CB05159861.html

石油化学工业

来源:https://www.china.cn/feiqichulichengtsb/4105369341.html

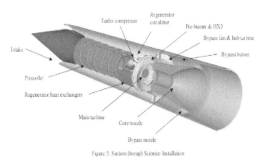

航空、航天工业

来源:https://csap.buaa.edu.cn/info/1004/1048.htm

图4-12-1 换热器在各行业中的广泛应用

冶金工业
来源：https://www.zhuangpeitu.com/article/102012613.html

交通运输业
来源：https://admin.niuche.com/ask/baike/3308.html?c=

续图4-12-1　换热器在各行业中的广泛应用

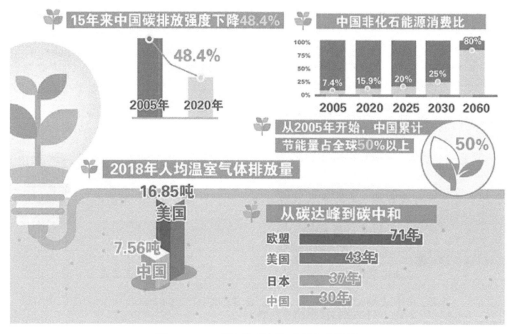

图4-12-2　碳达峰碳中和时间表路线图

来源：https://www.sohu.com/a/578991140_121466958

二、思政内涵释义

本素材内容与换热原理与技术课程中"换热器的分类及应用"内容相关联。

为实现我国2030年前"碳达峰"、2060年前"碳中和"的重大战略目标,遏制全球变暖,首要操作是使用清洁能源,提高能源利用效率。通过学习换热器在石油、化工、冶金、电力、船舶、制冷空调等领域的广泛应用,学生深刻认识到换热器作为能量传递的关键部件对促进节能减排具有重要的积极意义,体会到发展技术革新的高效紧凑式换热器的重要性和紧迫性,增强使命感与责任感,激发学习的主动性,加深对专业知识的掌握和理解。

三、思政元素与教学内容的融合

"换热器的分类及应用"这一节,从实现"双碳"目标的主要思路和技术路径谈起,在能源领域,坚持节能优先,全面提高能源和资源的利用效率,教师引出换热器在节能增效、提高装置热效率方面显著成效。通过展示在石油、化工、冶金、电力、船舶、制冷空调、机械、食品工业等行业的应用提出问题,换热器在发电装置中具有什么作用?航空飞行器对换热器的性能要求有哪些?学生在互动答题的过程中加深了解换热器是在各领域中不可或缺的重要部件,要挖掘能源利用的潜力,做好节能减排,合理设计并使用换热器必不可少。教师介绍换热器的分类与发展历程,结合实现碳达峰碳中和目标的关键支撑点是绿色低碳技术创新与推广应用,强调提升研发高效紧凑式换热器的必要性和紧迫性,激发同学们的爱国热情,树立强烈的责任感和担当意识,把国家需求与个人的奋斗目标紧密结合起来,为早日实现"双碳"目标贡献个人智慧和力量。

本案例素材由梁红侠老师提供

案例 4.13

C919飞机和CJ1000发动机

一、思政素材

1. 主题

C919飞机和CJ1000发动机。

2. 内容

C919是中国成功研发的民用客机，目前摆在C919飞机面前的一个尖锐问题，就是这款飞机采用了CFM的LEAP1C发动机，这使得C919的生产受制于人。因此，国产大飞机配备国产发动机迫在眉睫。我国研发的CJ1000双轴大涵道比直驱涡扇发动机在2017年完成首部技术验证机组装，核心机达到预定转速，标志着CJ1000发动机研制取得了第一个突破。最新消息表明CJ1000发动机已经进入原型机发展阶段，整机达到预定转速，从而为发动机设计定型铺平了道路。中国将制造数十台CJ1000发动机，通过各种适航认证，早日实现国产客机配备国产"心"的目标。当然我们也要清醒地看到，CJ1000发动机与国外最先进水平还是存在一定差距。我们这一代人仍需要不断地努力，担起中国航空发动机赶超世界先进水平的责任和使命。

3. 图片

图4-13-1为C919飞机；图4-13-2为CJ1000发动机模型。

图4-13-1　C919飞机

来源：https://baijiahao.baidu.com/s?id=1772272827540037970&wfr=spider&for=pc

图4-13-2　CJ1000发动机模型

来源：https://baijiahao.baidu.com/s?id=1780900331790218077&wfr=spider&for=pc

二、思政内涵释义

本素材内容与叶轮机械原理课程中"叶轮机械的工作原理及应用"内容相关联。教师通过讲述国产大飞机C919采用的进口发动机受制于人的现状,表现我国研制高性能国产发动机的不易性和迫切性,再通过分析国产CJ1000发动机的研制现状和未来方向,让学生感受到这一代人在航空发动机研究道路上的责任和担当,激起同学们的爱国热情和对航空知识的学习热情,坚定我国自主研发国产发动机的信心和决心。

三、思政元素与教学内容的融合

"叶轮机械的工作原理及应用"这一节,在前一节关于航空叶片机的气动热力学基础上讲解压气机基元级以及单级压气机的基本工作原理,并对基元级、压气机级和多级压气机的设计问题进行介绍。同时,也将对航空轴流压气机近年来的发展现状和一些新技术、新方法进行概括性的介绍。教师通过图片呈现C919各部件的研制情况,突出发动机的被动局面,然后引出并介绍CJ1000国产发动机,进一步介绍压气机、风扇的工作原理,让同学们充分了解叶轮机械的工作过程。同时教师通过讲述中美关系、国际形势,分析我国航空事业在国际上受打压及被动的现状,再结合国产CJ1000的研制情况、分析其未来的发展方向,让学生感受到肩头的责任,在实现专业能力素养提升的同时树立献身祖国航空事业的远大理想。

本案例素材由张皓光老师提供

案例 4.14

歼-20用上了中国"心"——《传热学》与航空发动机的可靠性

一、思政素材

1. 主题

歼-20用上了中国"心"——《传热学》与航空发动机的可靠性。

2. 内容

在2021年珠海航展的新闻发布会上,歼-20设计总师杨伟院士宣布:歼-20用上了中国"心"。该消息立即成为主流媒体和各大网站的标题新闻,也成为诸多军事评论专家和普通百姓的热门话题。歼-20飞机作为维护国家安全的尖端武器,其零部件研制生产过程必须完全自主可控。然而歼-20等国产先进飞机因为航空发动机动力不足而导致的"心脏病"问题一直是国人关注的话题。歼-20飞机在设计的时候选用的是当时已经定型的国产航空发动机,但是由于该航空发动机可靠性等问题,歼-20从定型试飞到批量装备部队,只好安装从俄罗斯购买的航空发动机。经过我国航空发动机相关院所十来年的技术攻关,直到近一两年我们解决了发动机可靠性问题,歼-20才终于用上了中国"心"。

与航空发动机可靠性最为密切的学科是传热学。比如由于涡轮叶片冷却不足导致的叶片过热和断裂等事故；由于壁温控制不当导致的转静剐蹭、裂纹的故障；由于封严间隙和腔压控制不准导致的轴向力过大、滑油泄漏和燃气入侵等故障；由于防冰不及时导致的飞行事故等等，都与传热与冷却技术密切相关。传热学是从事航空发动机相关行业必须掌握的一门重要核心课程。

3. 图片

图4-14-1为媒体报道歼-20战机换装国产航空发动机。

图4-14-1　媒体报道歼-20战机换装国产航空发动机

二、思政内涵释义

航空发动机可靠性问题是我国当前和未来若干年航空发动机研制需要解决的关键问题。学好传热学，将涡轮叶片等热端部件冷却到安全使用温度，通过控制发动机转子和机匣的壁温来控制转-静间隙尺寸变化，从而保证航空发动机安全可靠工作，使我国的歼-20等尖端武器装备都能用上"中国心"。突破西方国家对我国的技术封锁，解决卡脖子技术问题，激发学生学习传热学与航空发动机专业的热情。让学生了解与国防尖端装备密切相关的学科知识，强化学生对我国航空发动机"卡脖子"技术的认识，激发学生学习传热学的热情以及航空报国的责任担当。

三、思政元素与教学内容的融合

本素材可用于飞行器动力工程专业、能源与动力工程专业的核心课传热学。

教师首先介绍我国歼-20飞机装备国产和引进航空发动机的发展历程，引出可靠性是航空发动机的重要性能指标，也是我国当前和未来若干年航空发动机研制急需解决的关键问题。然后通过介绍航空发动机中与传热学相关的各种典型飞行事故和故障，比如由于涡轮叶片冷却不足导致的叶片过热和断裂等事故；由于壁温控制不当导致的转静剐蹭、裂纹的故障；由于封严间隙和腔压控制不准导致的轴向力过大、滑油泄漏和燃气入侵等故障；由于防冰不及时导致的飞行事故等等，从而得出热部件冷却和温度控制是决定我国航空发动机研制能否成功的核心关键技术之一。最后点出要解决这些问题就必须学好"传热学"这门课中讲授的传热理论，鼓励学生为提高航空发动机可靠性打下坚实的理论基础。

本案例素材由刘高文老师提供

案例 4.15

航空发动机涡轮叶片高效冷却技术必须依靠自主研发

一、思政素材

1. 主题

航空发动机涡轮叶片高效冷却技术必须依靠自主研发。

2. 内容

航空发动机是维护国家安全的战略装备。为了实现更大的推力、更高的效率和更轻的质量,基于布雷顿热力循环的航空发动机必须不断提高涡轮进口燃气温度,涡轮进口温度上升200 K,就能使发动机性能有一代的提升。教师介绍我国航空发动机事业正处于四代机(涡轮进口燃气温度为1 850~1 950 K)攻关并向新一代(大于2 200 K)跨越的关键时期,涡轮叶片高效热防护技术成为一项关键的核心技术。以美国为首的西方世界更是将高温部件冷却技术视为航空发动机最核心的机密,通过《瓦森纳协定》对我国严格封锁。因此我们必须独立自主地攻克涡轮叶片等高温部件的冷却技术难题!而要解决这一"卡脖子"问题的指导理论就是传热学这门课中讲授的理论。我们要清醒地看到,CJ1000发动机与国外最先进水平还是存在一定差距。我们这一代人仍需要不断地努力,担起中国航空发动机赶超世界先进水平的责任和使命。

3. 图片

图4-15-1为航空发动机涡轮进口燃气温度随性能提升而提升，远高于涡轮叶片材料耐温极限；图4-15-2为涡轮叶片冷却技术被欧美国家严格封锁，必须依靠自主研发。

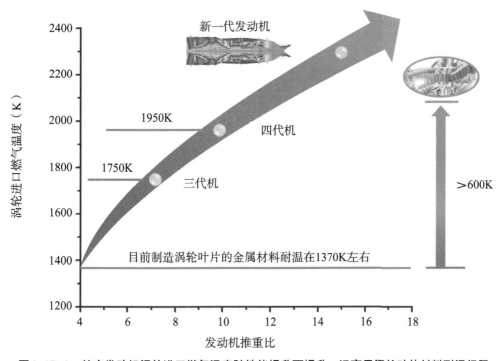

图4-15-1　航空发动机涡轮进口燃气温度随性能提升而提升，远高于涡轮叶片材料耐温极限

图4-15-2　涡轮叶片冷却技术被欧美国家严格封锁，必须依靠自主研发

二、思政内涵释义

本素材内容与传热学课程中"绪论"内容相关联。

航空发动机性能的提升必须不断提高涡轮进口燃气温度，远超材料耐温极限的燃气温度使得涡轮叶片必须实施高效冷却并进行精细化的热分析，由此让学生了解传热学与国防尖端装备密切相关。通过介绍以美国为首的西方世界将航空发动机高温部件冷却技术视为航空发动机最核心的机密，通过《瓦森纳协定》对我国严格封锁，来强化学生对我国航空发动机"卡脖子"技术的认识，激发学生学习传热学与航空发动机专业的热情。

三、思政元素与教学内容的融合

本素材可用于传热学课程的绪论部分，也可用于专业选修课燃气轮机传热学的第一章部分。教师首先介绍我国歼-10、歼-20飞机装备的发动机的基本情况，引出航空发动机是基于布雷顿热力循环的热力机械，为了让航空发动机拥有更大的推力、更高的效率和更轻的质量，必须不断提高涡轮进口燃气温度。着重点出涡轮进口燃气温度上升200 K，就能使发动机有一代的差距。然后通过图片介绍航空发动机涡轮进口燃气温度不断上升、推重比等性能参数不断提高的发展历史，着重介绍我国航空发动机事业正处于四代机（涡轮进口燃气温度为1 850～1 950 K）攻关并向新一代（大于2 200 K）跨越的关键时期，涡轮叶片高效热防护技术成为一项关键核心技术。随后教师通过介绍以美国为首的西方世界更是将高温部件冷却技术视为航空发动机最核心的机密，通过《瓦森纳协定》对我国严格封锁，引出我们必须独立自主地攻克涡轮叶片等高温部件的冷却技术难题。最后点出要解决这一"卡脖子"问题就必须学好传热学这门课中讲授的传热学理论，为发展涡轮叶片高效冷却结构打下坚实的理论基础。

本案例素材由刘存良老师提供

案例 4.16

航空动力"心脏病"
——航空发动机与传热学的密切关系

一、思政素材

1. 主题

航空动力"心脏病"——航空发动机与传热学的密切关系。

2. 内容

结合中美之间的贸易战,美国对中国的技术封锁以及习近平总书记将研制先进的航空发动机作为百大"卡脖子"问题之首,引出研制先进航空发动机的重要性。教师将发展先进的传热与冷却技术与航空发动机的变革紧密结合,指出传热学在先进航空发动机的研制过程中所扮演的重要角色。

3. 图片

图4-16-1为C919民航客机；图4-16-2为LEAP-1C涡扇航空发动机；图4-16-3为涡轮叶片冷却。

图4-16-1　C919民航客机

来源：https://www.163.com/dy/article/I8FV7C7F05356HAK.html

来源：https://bashny.net/t/en/45537

来源：https://www.pcauto.com.cn/qcbj/3780/37801897.html

图4-16-2　LEAP-1C 涡扇航空发动机

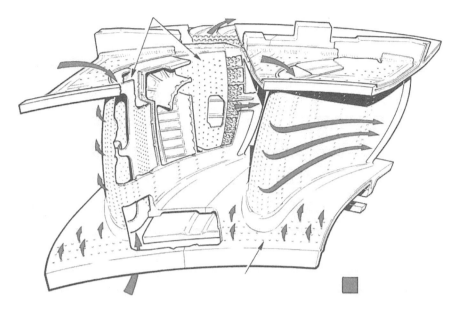

图4-16-3　涡轮叶片冷却

来源：http://www.360doc.com/content/20/0725/20/65060099_926705571.shtml

二、思政内涵释义

教师从民用C919客机以及珠海航展上出现的歼-20军用飞机，引出飞机核心部件——航空发动机。然后通过展示航空发动机的结构图，指出航空发动机的发展历程，早期的活塞式、喷气式到现在的涡扇发动机，引出每一代发动机革新的关键性技术指标——涡轮前温度。飞机发动机型号有哪些？发动机包含哪些部件？涡轮叶片安全稳定工作的前提？……用这些问题与学生进行互动，凸显发展先进传热与先进冷却技术在涡轮叶片安全稳定过程中的重要性，进一步指出我国航空发动机性能的逐步提升，是很多老一辈与现在从事航空发动机的科研工作者摆脱了欧美西方国家对我们的技术封锁，不懈坚持与努力的结果，激起同学们的爱国热情、投身航空领域的学习热情以及航空报国的责任担当。

三、思政元素与教学内容的融合

本素材可用于飞行器动力工程专业、能源与动力工程专业的核心课传热学课程的绪论部分，也可用于传热学的对流换热章节中。教师首先围绕中美贸易摩擦引入目前中国存在的一些"卡脖子"问题，提到航空发动机作为我国高端航空装备目前还严重依赖国外进口，飞机的"心脏病"问题依然十分严重。提升航空发动机涡轮前进口的温度是提升航空发动机的推重比和效率的有效方式，目前先进航空发动机的涡轮前温度已经超过2 000 K，远远超过涡轮叶片高温合金的耐热极限。因此，需要采用先进的冷却技术以保障涡轮叶片安全可靠的工作。涡轮先进的冷却与传热过程与传热学中的对流传热、热辐射和热传导相关知识点紧密关联。叶片外表面通过导热的方式向叶片内侧传递热量，而叶片内侧的热流则通过内部通道中的热流以对流换热的方式带走，同时叶片外表面处于高温燃气环境中，还受到高温燃气对叶片的辐射加热作用，因此，要掌握先进的冷却技术和精细化热分析，必须要学好传热学中的相关知识，才能支撑先进航空发动机的研制。

本案例素材由孔德海老师提供

案例 4.17

传热学与国家重大工程及国防建设密切相关

一、思政素材

1. 主题

传热学与国家重大工程及国防建设密切相关。

2. 内容

教师首先介绍国家重大工程及国防建设与传热的密切关系,包括核能发电工程、空间站发射火箭研制及返回舱返回地面过程、军用航空发动机研发等,都涉及高温过程及高温部件的冷却技术,这些都离不开传热学相关理论的学习和应用。其次介绍以美国为首的西方世界为了限制中国的发展,更是将高温部件冷却技术视为最核心的技术加以限制,专门通过《瓦森纳协定》,对我国实施大范围严格的高温部件相关技术的封锁。因此,我们必须独立自主地攻克相关传热学理论及相关的冷却技术难题,由此引导同学们深刻认识学习传热学的重要性。

3. 图片

图4-17-1为传热学与国家重大工程及国防建设密切相关。

航空发动机高温部件冷却及尾喷管红外抑制

来源：https://www.sohu.com/a/275546727_115926

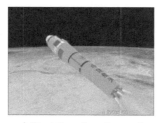  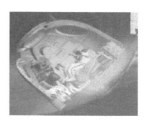

来源：https://m.sohu.com/a/283305765_100281626　　来源：https://weibo.com/1808449333/EcXHVEd4S　　来源：https://www.163.com/dy/article/HMCLVE6L0552ZNOG.html

导弹头部雷达天窗冷却　　　　　返回舱防热外壳

图4-17-1　传热学与国家重大工程及国防建设密切相关

二、思政内涵释义

核反应堆中心核心部件温度极高，不及时冷却会造成核事故，火箭发动机及航空发动机性能的提升必须不断提高燃气温度，远超材料耐温极限的燃气温度使得燃烧室等高温部件必须实施高效冷却并进行精细化的热分析，由此让学生了解传热学与国家重大工程及国防建设的密切相关性。教师通过介绍以美国为首的西方世界将高温部件冷却技术视为核心的机密，通过《瓦森纳协定》对我国严格封锁，来强化学生对我国国防建设中"卡脖子"技术的认识，激发学生学习传热学的热情以及建设国防的责任担当。

三、思政元素与教学内容的融合

教师展示核反应堆中心核心部件图片、火箭发射图片、航空发动机图片及军用飞机图片，返回舱图片，强化对上述图片展示的国家重大工程及国防建设工程的认识，同时在讲解时逐一介绍相应图片中的设备的传热过程及冷却原理，分析相应理论及工程应用的难度难点所在，揭示西方世界对我国进行技术封锁的原因，提升学生对传热学课程重要性的认识，激发同学学习传热学知识的决心、兴趣、热情与责任。

本案例素材由朱惠人老师提供

案例 4.18

神舟十三号发射

一、思政素材

1. 主题

神舟十三号发射。

2. 内容

2021年10月16日0时23分,搭载神舟十三号载人飞船的长征二号F遥十三运载火箭,在酒泉卫星发射中心点火升空。约582秒后,神舟十三号载人飞船与火箭成功分离,进入预定轨道,顺利将翟志刚、王亚平、叶光富3名航天员送入太空,飞行乘组状态良好,发射取得圆满成功。我国在航空航天领域取得了很多伟大的成就,但我们不能懈怠。我们这一代人仍需要不断地努力,担起我国航空航天领域赶超世界先进水平的责任和使命。

3. 图片

图4-18-1为长征2F火箭发射神舟飞船画面。

图4-18-1　长征2F火箭发射神舟飞船画面

来源：https://www.sohu.com/a/495378486_100249696

二、思政内涵释义

本素材内容与航空发动机结构分析课程中的"航空发动机结构分析"教学内容进行关联。

教师从发射火箭引出关键点——火箭喷出的火，进而联想到飞机的燃烧室。从思考"飞机与火箭的区别是什么"？"它们的燃烧室的区别是什么？""设计过程中哪一个更加困难？"等问题，激发学生思考，促进学生建立燃烧室的基本概念。结合我国近几年在航空航天领域取得的成就，介绍我国正向自主研发不断转变，激发学生的行业认同与爱国热情，坚定我国自主研发国产发动机的信心和决心。

三、思政元素与教学内容的融合

"航空发动机燃烧室"这一节，主要介绍发动机燃烧室的发展及特征，从单管到目前应用较多的环状形式,燃烧室在不断满足发动机性能发展的需求。教师通过航天发动机与航空发动机的对比,介绍两者的不同和相似之处,同时对航空航天领域的发展成就进行介绍,激起学生对于航空航天领域的兴趣和热情。在促进学生掌握专业知识的同时,让学生感受到肩头的责任,在实现专业能力素养提升的同时树立献身祖国的远大理想。

本案例素材由赵明老师提供

案例 4.19

CJ1000A高涵道比涡扇发动机

一、思政素材

1. 主题

CJ1000A高涵道比涡扇发动机。

2. 内容

珠海航展已经发展成为世界最具国际影响力的航展之一，2021年国庆期间举行的珠海航展更是备受瞩目，CJ1000A在珠海航展上展出。CJ1000A是我国研发的高涵道比大推力发动机，一旦成熟应用，就能实现中国大推力航空发动机的从无到有。当然我们也要清醒地看到，CJ1000发动机与国外最先进水平发动机还是存在一定差距。我们这一代人仍需要不断地努力，担起中国航空发动机赶超世界先进水平的责任和使命。

3. 图片

图4-19-1为民航客机大涵道比涡扇发动机。

图4-19-1　民航客机大涵道比涡扇发动机
来源：https://zhuanlan.zhihu.com/p/647599374

二、思政内涵释义

该素材内容与航空发动机结构分析课程中"高涵道比大型涡轮风扇发动机"内容相关联。

教师从珠海航展上展出的CJ1000A高涵道比涡轮风扇发动机入手，引出本节课程的主要内容，高涵道比涡轮风扇发动机。通过展示高涵道比航空发动机的剖面图，与学生探究高涵道比航空发动机的相关知识，"什么是高涵道比航空发动机？""高涵道比航空发动机有哪些重要的参数""高涵道比航空发动机相比其他类型的航空发动机有什么优势？"，结合我国轰-6、运-10，C919等大飞机的发展历程，了解我国高涵道比航空发动机的发展历程，对比欧美发达国家退役和现役的大飞机和相应配套的航空发动机,从中找出差距,激起同学们的爱国热情,坚定我国自主研发国产发动机的信心和决心。

三、思政元素与教学内容的融合

"高涵道比大型涡轮风扇发动机"这一节是对航空燃气涡轮发动机之一的高涵道比涡轮风扇发动机进行学习。学习掌握高涵道比涡轮风扇发动机的特点、主要参数、优点、缺点以及推力的计算方法。教师通过展示珠海航展的相关视频和图片,激发学生学习的兴趣,然后引出并介绍CJ1000A国产发动机,进一步引到高涵道比大型涡轮风扇发动机,通过展示国内外多种型号的高涵道比涡轮风扇发动机和国内外的大型飞机图片和视频,让学生了解国内外高涵道比涡轮风扇发动机和大飞机的发展历程。同时教师通过讲述中美关系、国际形势,分析我国航空事业在国际上受打压及被动的现状。教师再结合国产CJ1000A的研制情况、分析其未来的发展方向,让学生感受到肩头的责任,在实现专业能力素养提升的同时树立献身祖国的远大理想。

本案例素材由高文君老师提供

案例 4.20

航班空难警示

一、思政素材

1. 主题

航班空难警示。

2. 内容

（1）1994年6月6日，西北航空公司TU154飞机执飞的西安至广州WH2303航班，起飞24秒后，飞行员便发现飞机机身飘摆，自动导航系统显示故障，飞行员按规定的操作规程控制飞机飞行，然而飞机还是进入失速状态，最后在起飞7分钟后在西安东南方向的长安县上空俯冲解体，导致160人遇难。事故调查表明，原因是机务在飞机维护时将机上倾斜阻尼和航向阻尼两个插头相互插错位置，从而导致飞机控制信号混乱而失控。

（2）2005年8月14日，由B737飞机执飞的塞浦路斯飞往雅典的ZU522航班，起飞不到10分钟，飞机警报故障，客舱内氧气面罩自动脱落，随着高度上升，驾驶舱内缺氧，两名飞行员都渐渐昏迷失去意识，飞机到了雅典上空处于无人操作状态，盘旋一个半小时后坠毁，造成机上115名乘客以及6名机组成员全部遇难，而这一切的罪魁祸首居然是飞机在地面检修时，维修人员把自动增压开关转到了手动位置，测试完后忘记将开关转回自动位置，导致飞机升空后驾驶舱自动增压系统没有开启，缺氧导致驾驶员昏迷。

3. 图片

图4-20-1为TU-154飞机驾驶舱；图4-20-2为WH2302航班空难照片；图4-20-3为ZU522航班缺氧状态下的驾驶员；图4-20-4为ZU522航班空难照片。

图4-20-1　TU-154飞机驾驶舱

来源：https://baijiahao.baidu.com/s?id=1767869507092393220&wfr=spider&for=pc

图4-20-2　WH2302航班空难照片（1994年6月6月，TU-154飞机）

来源：https://www.163.com/dy/article/GNI9NJBI0543LQ2H.html

图4-20-3 ZU522航班缺氧状态下的驾驶员（2005年8月14日，B737-300飞机）

来源：https://baijiahao.baidu.com/s?id=1731981444056945709&wfr=spider&for=pc

图4-20-4 ZU522航班空难照片（2005年8月14日，B737-300飞机）

来源：https://www.qtx.com/others/85292.html

二、思政内涵释义

本素材内容与航空发动机控制系统建模课程中"控制系统建模与设计"内容相关联。

上述两次空难事故的直接责任是机务，但从技术的角度分析，是整个控制系统设计人员的责任心不强。其中。西北航空公司的TU154两个插头功能不同，但接口形状设计成一样（没有防误插设计），为事故发生埋下了隐患。西班牙航空公司是地面维修人员的疏忽导致空难发生，核心是控制系统设计在自动故障检测与处理方面不够完善，更深层次的原因是设计人员考虑不够全面。

上述事故上升到更高的层面，也即在进行航空航天等产品设计时，需要设计人员具有高度的责任感。

三、思政元素与教学内容的融合

现代飞机及航空发动机控制为复杂的多变量控制系统，系统的输入、输出信号较多，而且互相关联。

以上述两次空难为例，教师在航空发动机控制系统建模课程的"控制系统建模与设计"内容教学中，针对系统模型及控制机理、控制器信号流及各个信号互相关联、信号缺失及误传的影响及后果等内容教学，结合案例，说明良好的设计不只是功能的实现，还需要考虑系统使用与维护的可靠性设计在航空航天产品中的重要性。进一步，教师通过系统仿真、故障注入与故障自诊断等，揭示系统失效的后果，让学生感受到作为设计人员在设计中的细小疏忽所造成后果的严重性，从而提高学生的、能力、思想认识与职业素养。

本案例素材由苏三买老师提供

案例 4.21

川航3U8633航班飞机风挡破裂与机长应急处置

一、思政素材

1. 主题

川航3U8633航班飞机风挡破裂与机长应急处置。

2. 内容

2018年5月14日,四川航空公司3U8633航班在成都区域巡航阶段,驾驶舱右座前挡风玻璃破裂脱落,驾驶舱内部仪表台被大风掀翻,机组实施紧急下降,瞬间失压一度将副驾驶吸出机外,所幸他系了安全带,在驾驶舱失压、气温迅速降到零下40多摄氏度(监测显示,当时飞机飞行高度为32 000 ft(1ft=0.3048 m),气温应该为零下40℃左右)、仪器多数失灵的情况下,机长刘传健凭着过硬的飞行技术和良好的心理素质,在民航各保障单位密切配合下,机组正确处置,飞机于当日07:46安全备降成都双流机场,所有乘客平安落地。

3. 图片

图4-21-1为风挡破裂后A319飞机；图4-21-2为3U8633航班风挡破裂后的驾驶舱。

图4-21-1　风挡破裂后A319飞机（注册号B-6419，2018年5月14日 3U8633航班）

来源：https://www.sohu.com/a/705191792_121633904

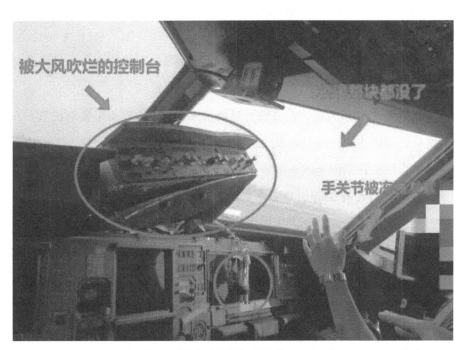

图4-21-2　3U8633航班风挡破裂后的驾驶舱（2018年5月14，A319飞机）

来源：https://www.sohu.com/a/345853678_644987

二、思政内涵释义

本素材内容与微控制器原理与应用课程设课程中"智能系统设计及应用"内容相关联。

实际上,川航3U8633航班驾驶舱操控台仪表台上这些仪表与操纵的底层是由系列微控制器组成的智能单元,电缆断裂或部分短路将造成系统无法工作。

川航3U8633航班飞机风挡破裂,驾驶舱操控台仪表台半脱落状态下,从机长的应急处置警示微控制器设计需考虑不仅仅是功能实现,还需考虑系统的可靠性。这一案例给微控制器原理及应用课程设计提出警示,也即我们无论是在课程教学中,还是未来工程设计中,不仅仅考虑功能的实现,还应该考虑系统在类似状况下的系统自隔离与自我保护,上升到更高的层面,也即在涉及航空航天等产品设计时,需要具有高度的责任感。

三、思政元素与教学内容的融合

现代飞机及航空发动机控制多采用基于微控制器的智能控制单元,微控制器系统设计的质量与工作可靠性直接影响飞行器的工作安全。

以川航3U8633航班为例,在驾驶舱操控台仪表台带线处于半脱落状态下,正如机长后续采访所表达的,飞机出现险情后,没有再通过那些自动仪表来操控飞机,而是手动操作飞机,原因是截止事故发生时,虽然飞机工作不正常,但手动可操控可正常响应,并且没有引起短路着火等情况,如果冒然去操作,反而可能引起事故。针对机长所述及实际操作,从本课程技术角度的分析,那些由微控制器为核心的智能仪表线路互相连接,而且处于通电状态,线缆的断裂或短路可能引气微控制器失控甚至引发着火等状况,实际上系统失能但仍处于安全状态。由该案例,让学生重视系统设计,特别是航空航天类智能飞行器设计质量对可靠性的影响。

本案例素材由苏三买老师提供

案例 4.22

数学与工程的完美结合

一、思政素材

1. 主题

数学与工程的完美结合。

2. 内容

在计算力学领域历史背景介绍中,大多世界著名的计算力学家为欧、美、俄大学和研究机构的工作人员,学生容易陷入中国计算力学领域相对落后的误区。在此背景下,教师着重指出中国近现代也涌现了一批世界一流,甚至是引领世界科学技术发展的顶级计算科学家,例如首创有限元法的冯康先生。冯康为人低调,了解其事迹的人有限,但是其在国际数学界却赫赫有名。冯康逝世时,美国著名科学家彼特拉克斯(即著名的CFL条件里面的L)院士专门著文悼念他。

在数值计算方法时间离散格式的降解过程中,教师介绍完常规的一阶、二阶、高阶格式后,通过分析各种方法对于导弹制导、卫星轨道控制等长时计算问题的精度要求,指出各种常规时间积分格式的局限性,引出冯康创立的求解哈密顿型演化方程的辛算法。通过理论分析和计算实验,展示辛算法对于长时计算问题的巨大优势。这一算法的提出,为中国现在的航空航天事业的推进具有深远的意义,若是没有冯康的辛算法，某型导弹的精确制导、火箭的飞行控制甚至嫦娥计划的实现都将困难重重。

3. 图片

图4-22-1为冯康有限元算法推导手稿。

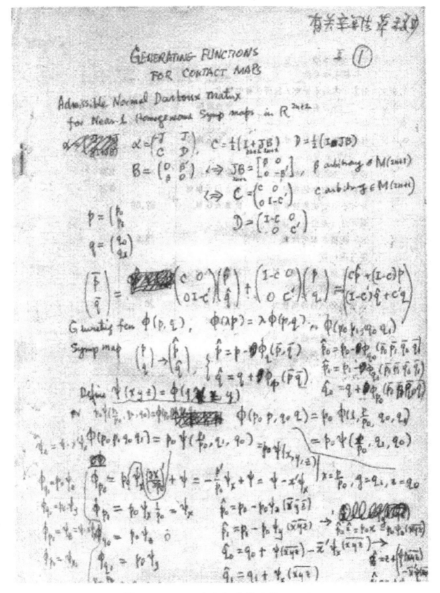

图4-22-1　冯康有限元算法推导手稿

来源：http://www.amss.ac.cn/fk/xscj/201912/t20191227_5476352.html

图4-22-2　冯康在指导研究生

来源：http://www.amss.cas.cn/fk/yrxm/

二、思政内涵释义

该思政元素来自教学内容本身，该教学内容属于计算流体力学理论与编程实践课程中"时间推进方法"的教学内容。教师通过对高精度时间推进方法的介绍和分析，阐明时间积分误差分析原理，引导学生建立如何分析具体时间推进格式精度和稳定性的认识。在课程知识学习和理解的基础上，教师通过介绍冯康先生在相关领域做出的一系列世界级成果，加深学生对所学方法在实际工程应用中重要性的理解，培养民族自信，同时也让学生在学习具体时间积分数值方法的同时，感受深刻的数学方法对于工程实际的巨大指导意义，学习冯康为代表的中国科学计算方法大师的钻研精神，树立远大的科研志向。

三、思政元素与教学内容的融合

"时间积分方法"这一节介绍一阶、二阶向前、向后欧拉方法，龙格库塔多步计算方法，通过误差分析，研究不同方法的短时计算精度。教师通过长时计算数值实验，显示所有方法的局限性。由此导出冯康独创的哈密顿系统辛算法，并通过数学分析获得其在长时计算中的误差不累积的性质。通过导弹制导、火箭飞行控制、卫星轨道控制等案例，教师着重介绍冯康所创立的独特数学方法的巨大优势。强调其在我国航空航天领域的应用，特别是在某型导弹、登月计算中的贡献，帮助学生树立民族自豪感，激起学习热情和投身航空航天领域的长远志向。

本案例素材由徐慎忍老师提供

案例 4.23

某型航空发动机EHM研制过程

一、思政素材

1. 主题

某型航空发动机EHM研制过程。

2. 内容

航空发动机作为飞机的"心脏",是在高温、高压、高转速的恶劣环境下长期工作的复杂热力机械,是典型的军民用高科技产品,其整体性能水平和研发能力是一个国家工业基础、军事、科技、经济等综合国力的重要标志。

航空发动机工业是知识密集、技术密集和资本密集型产业,对于国家的经济建设和国防建设具有重要的支撑作用。世界上能够独立研究开发先进航空发动机的国家只有美国、俄罗斯、英国和法国等少数航空工业发达国家,他们都无一例外地将航空发动机列为国家的战略性产业,通过各种形式持续不断地给予大量的资金支持和政策扶持,优先发展、高度垄断、严密封锁,并严格禁止向国外出口其核心技术。

发动机包括军用、民用飞机发动机和燃气轮机,它们为各种类型的固定翼飞机、直升机、导弹、舰船、坦克、特种车辆、电站、泵站等提供优良高效的动力。

航空发动机不仅能够直接影响到航空武器装备的先进性，对取得现代化战争的胜利起到关键性作用，而且能够带动整个国家的高端制造业跨上一个新台阶。航空发动机产业和技术水平的提升，不仅对于国家国防工业的影响重大，而且能够极大地带动相关军、民用产品和技术产业链的整体发展，起到提高国家整体工业水平的"火车头"作用。

航空发动机的研制具有技术难度大、研发周期长、投资规模大、经营风险高等显著特点。

综上所述：航空发动机是买不来的，需要艰辛的自主研制。

3. 图片

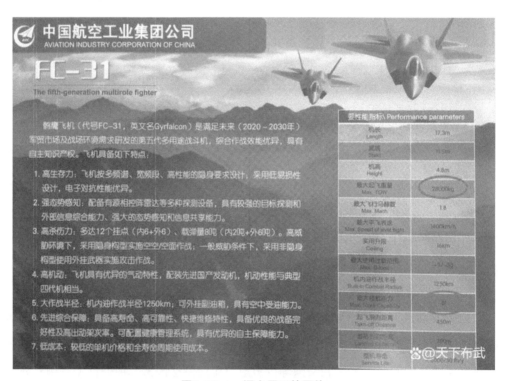

图4-23-1　课上展示的图片

来源：http://www.zhuda6.com/new/712a94678d2047c08f09723bc45c9fcd

二、思政内涵释义

本素材内容与发动机控制系统课程设计课程中教学内容相关联。

结合科研经历，教师向学生讲述自己的科研心得、体会和感悟，激发学生积极投身航空发动机事业的热情，坚定理想和信念。

由于结合型号讲述，这里不作详述。

三、思政元素与教学内容的融合

发动机控制系统课程设计课程绪论，需要激发学生的学习积极性。本节中，将对发动机性能模型和基于气路的故障诊断技术进行介绍。教师对近年来的发展现状和一些新技术、新方法进行概括性的介绍。教师通过文档、图片及PPT呈现发动机各部件的研制情况，突出发动机的被动局面，然后引出课程的设计任务。同时通过讲述中美关系、国际形势，分析我国航空事业在国际上受打压及被动的现状。再结合某型的研制情况、分析其未来的发展方向，让学生感受到肩头的责任，在实现专业能力素养提升的同时树立献身祖国的远大理想。

本案例素材由任新宇老师提供

案例 4.24

结合大气污染开展颗粒受力分析

一、思政素材

1. 主题

结合大气污染开展颗粒受力分析。

2. 内容

教师通过引入在西北工业大学长安校区同一位置拍摄到的冬、夏两季节空气环境的照片,引起学生的兴趣和共鸣。在对造成长安校区冬季污染严重原因分析的过程中,将颗粒的受力分析与科学治理污染措施相结合,使学生掌握理论联系实际的能力;在对长安校区夏季空气质量优良的原因进行分析的过程中,将节能减排知识与绿水青山理念相结合,使学生将爱护环境、保护环境的责任牢记心中。

3. 图片

图4-24-1为冬季的长安校区空气质量；图4-24-2为夏季的长安校区空气质量；图4-24-3为流场中颗粒所受作用力分析。

图4-24-1 冬季的长安校区空气质量

图4-24-2 夏季的长安校区空气质量

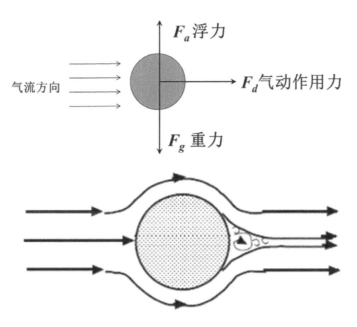

图4-24-3 流场中颗粒所受作用力分析

二、思政内涵释义

该思政元素来自教学内容本身，该教学内容属于多相流基础及应用课程中"流体中的固体颗粒受力分析"的教学内容。

教师从明显的照片对比和个人的亲身感受中引出关注点——污染物是如何从市区输运到长安校区的。然后通过分析污染物的具体组成（含铬、铅的颗粒）提出问题：颗粒从工厂或汽车尾气排出后受到哪些作用力？这些作用力中最主要的是哪个力？这个力应该被称为"空气阻力"还是"曳力"？在互动回答的过程中，通过颗粒的受力分析，结合颗粒的沉降与分离措施，学生了解如何科学地治理空气污染问题；通过对颗粒源头的分析，结合国家能源战略，强化节能减排的意识；通过对秦岭空气净化器作用的分析，结合习近平总书记关于"绿水青山就是金山银山"的论述，培养学生爱护环境、保护环境的热情。

三、思政元素与教学内容的融合

"流体中固体颗粒受力分析"这一节是基于前述章节气—粒两相流主要参数知识，对颗粒在流体中的作用力、曳力公式、曳力系数、影响曳力系数的因素等进行学习。教师通过视频、图片等资料中的案例启发，从现实体会、感同身受的环境污染问题出发，引起学生的共鸣和兴趣；然后通过抛出核心问题引导，学生解答后再进行理论传授；最后通过总结回顾，点出问题本质，给予价值引领。教师根据专业课程教学，使学生在掌握颗粒所受主要作用力及其计算公式的同时，提升基本的科学素养，培养学生爱护环境、保护环境的意识和责任感，激发学生对节能减排工作的热情，提高学生运用理论知识对实际问题分析和解决的能力。

本案例素材由陈福振老师提供

案例 4.25

飞机"心脏病":压气机失速

一、思政素材

1. 主题

飞机"心脏病":压气机失速。

2. 内容

航空发动机被誉为"工业皇冠上的明珠",也是飞机的"心脏",发动机能否可靠地工作直接决定了飞机飞行的安全性。教师播放飞机飞行过程中发动机发生失速的视频,讲解发动机出现"心脏病"——压气机发生失速现象的危害,举例说明现实中由于发动机失速导致的空难事故,强调其对发动机稳定工作的重要性,再引出发动机不稳定工作的决定性部件——压气机的不稳定工况知识点,强调学生学习好本节课专业知识的重要性。

3. 图片

图4-25-1为发动机失速；图4-25-2为压气机失速原理。

图4-25-1 发动机失速

来源：https://baijiahao.baidu.com/s?id=1754154089210798437&wfr=spider&for=pc

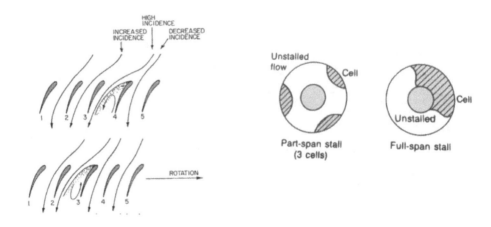

图4-25-2 压气机失速原理

来源：https://aviation.stackexchange.com/questions/77739/why-is-a-centrifugal-compressor-in-aircraft-engine-less-susceptible-to-stall-and

二、思政内涵释义

本素材内容与航空叶轮机械原理课程中的"压气机不稳定工况"教学内容进行关联。

教师首先强调航空发动机对于飞机的重要性以及发动机稳定工作对于飞机安全运行的重要性,通过播放飞机飞行过程中发动机发生失速的视频,引出本节课内容:压气机的非稳定工况——失速和喘振现象,强调发动机的失速直接由压气机的失速和喘振决定,是飞机"心脏病"中最常见和最致命的一类非稳定工况。至此引出本节课中关于失速和喘振现象的知识点讲解,主要包括主要现象特征、产生机理、失速和喘振的区别与联系等。教师通过讲解使学生认识该类"心脏病"的重要性和产生机理等。教师同时强调,乘机安全性和本节知识的应用密切相关,增强学生的航空报国使命感和责任感,鼓励学生争做优秀的航空发动机"心脏病"医生,努力为未来国产航空发动机的研制做出贡献。

三、思政元素与教学内容的融合

教师讲解"压气机的非稳定工况——失速现象"这一节压气机实际工作过程中常遇到的非稳定失速工况,使学生掌握失速的影响、重要性、主要特征和产生机理等。教师通过视频、静态图片等展示,讲解航空发动机和压气机部件失速的危害与重要性,提升学生对课程内容重要性的认识,激起学生对课程专业知识学习的兴趣。最后通过和学生进行拓展沟通,阐明将来我们乘坐的飞机可能就使用了我们自己参与设计的压气机部件,如果不能很好地掌握本节课知识,就无法保证所设计压气机部件的可靠性,再次强调了学好本节课专业知识的重要性,也在一定程度上活跃了课堂气氛,增强学生的航空报国使命感和责任感。

本案例素材由高丽敏老师提供

案例 4.26

从珠海航展看我国航空发动机发展的机遇与挑战

一、思政素材

1. 主题

从珠海航展看我国航空发动机发展的机遇与挑战。

2. 内容

结合近年来珠海航展,教师通过在航展上亮相的我国歼-20战机,引起学生的关注和兴趣。在讨论我国航空工业近十年取得巨大进步的同时,指出国产发动机发展仍然存在巨大的挑战与机遇,还需要我们几代人的共同努力。

3. 图片

图4-26-1为国产战斗机歼-20亮相珠海航展；图4-26-2为歼-20战机配备国产航空发动机。

图4-26-1　国产战斗机歼-20亮相珠海航展

来源：https://weibo.com/u/6176246505?is_all=1

图4-26-2　歼-20战机配备国产航空发动机

来源：https://www.163.com/dy/article/I7A062FT05562KJX.html

二、思政内涵释义

从近年来珠海航展的新闻报道中引出——歼-20战机亮相航展，通过展示战机在航展上的各个精彩瞬间提出问题：组成战机发动机的主要部件都有哪些？各个部件的性能对"歼"系列战机的安全稳定运行都会产生哪些影响？在和学生的互动问答过程中分析建立起叶片机的基本概念。同时结合航空发动机的发展历程，了解我国在发动机技术方面面临的机遇和挑战，激起同学们对发展我国航空事业的使命感和责任感。

三、思政元素与教学内容的融合

"叶片机在航空发动机上的应用"这一节，教师基于前述章节叶片机的基本概念及分类，对应航空发动机开展叶片机主要部件及其主要工作原理讲解，使学生通过学习，了解我国航空发动机的发展历程。

教师通过视频、图片等资料展示航空发动机的性能表现对"歼"系列飞机做各种机动飞行的重要性。围绕珠海航展在社会上引起的关注以及相关消息，突显我国航空工业取得的巨大进步。尤其值得关注的是，2021年歼-20战机用上了我国国产发动机，以此激起同学们的爱国情怀和投身航空领域的学习热情。同时结合课程教学，使同学掌握发动机压气机和涡轮部件做为叶片机的分类特点和结构特点，督促学生将课本知识学习与实践过程相结合，以提升理论联系实践的学习能力。

本案例素材由赵磊老师提供

案例 4.27

从中印边境摩擦中透析高原高寒环境航空压气机研制

一、思政素材

1. 主题

从中印边境摩擦中透析高原高寒环境航空压气机研制。

2. 内容

教师结合近年来印度与我国在边境地区摩擦事件的始末,引发学生讨论航空力量在保证我国领土完整。维护国家主权统一的重要性,激发同学们航空报国的使命感和责任感。同时结合中印边界高寒高海拔地区的环境属性,引导学生思考如何实现这种极端环境下航空压气机性能的录取,同时如何保证这种环境下发动机的安全稳定运行。

3. 图片

图4-27-1为国产航空发动机如何在高原气候下守护战机安全。

图4-27-1　国产航空发动机如何在高原气候下守护战机安全

来源：https://baijiahao.baidu.com/s?id=16846555462870 14599&wfr=spider&for=pc

二、思政内涵释义

教师以讨论时事热点中印边界摩擦中我军在边界部署大量战机的新闻为切入点，引发学生思考：高原高寒地区航空发动机在工作过程中压气机的性能与平原地区相比是否有变化？如何获取一套比较通用的叶片机的性能曲线？通过学生互动答题过程，引入气体动力学关于相似理论的基本概念，并讨论能否通过相似理论实现以上目的。结合此类时事热点，和学生讨论航空力量在保家卫国中的重要作用，尤其是现在和平时期也需要不断增强我国的航空军事力量，以此激发学生们投身我国航空发动机事业的使命感和责任感。

三、思政元素与教学内容的融合

"相似理论在轴流压气机中的应用"这一节在单级、多级轴流压气机特性分析基础上引申出来,如何获得压气机的通用特性以达到不同运行环境下(如中印边界地区的高原高寒环境)航空发动机的性能要求?学习过程中需要对气体动力学中的相似理论有所了解。

教师通过对中印边界摩擦过程中相关航空新闻事件的讨论,使学生感受到提升我国航空军事力量对于保家卫国的重要性,在战时需要,在和平时期更需要。在此基础上,通过对中印边界环境进行分析,引导学生思考航空压气机的"纸面"性能分析如何应用到发动机实际的运行环境中,尤其是在这种高原高寒地区如何确保所研制的发动机能够稳定运行。根据专业课的学习,一方面使学生掌握相似理论在轴流压气机性能分析中的重要作用,另一方面通过具体案例讲解,增强学生投身我国航空发动机事业的使命感和责任感。

本案例素材由赵磊老师提供

案例 4.28

C919飞机动力选型背后的故事

一、思政素材

1. 主题

C919飞机动力选型背后的故事。

2. 内容

C919是我国自行研制生产的第一种干线客机。由于当时中国尚不具备发动机的设计制造能力，所以选择了国外的发动机作为动力。2008年，飞机设计和发动机选型工作正式开始。当时候选的动力有CFM公司的Leap-X发动机和P&W公司的GTF发动机。这两型发动机均处于研发阶段，并且都瞄准了下一代民用窄体客机的动力市场。经过激烈的竞争，CFM公司的LEAP-X发动机最终获得了胜利。

P&W公司不甘心这次失败，转年去空客公司推销自己的产品。这次，GTF发动机定位的是空客A320-NG飞机。CFM公司同样看上了A320-NG飞机的潜在市场，也参与了飞机的换发竞标。但是由于GTF发动机先进的设计理念和性能指标，LEAP-X发动机在最初的竞争中落败。

CFM公司为了抢回失去的发动机市场，马上修改了LEAP-X发动机方案。新方案在原基础上，提高了涵道比以进一步降低发动机的耗油率，并获得了空客公司的认可。

但是，发动机的直径也从最初与商飞公司商定的1.93 m提高到了1.98 m。为了保证发动机短舱与地面50 cm间距的最低要求，商飞公司的设计方案必须做出调整。

CFM公司单方面修改发动机方案对C919飞机已经开展的设计工作带来了非常大的冲击。当时，摆在商飞公司面前的出路只有两条：一是将起落架高度提高5 cm，匹配发动机直径的增加；二是将原本就非常紧凑的发动机短舱直径再压缩5 cm。在起落架高度已经无法改变的情况下，商飞公司最终选择了压缩发动机短舱直径。

后面的日子里，在商飞公司和GE公司上海CTC的共同努力下，克服了重重困难，在发动机短舱容量极其紧张的不利条件下，最大程度上保证了短舱的气动外形，把气动损失降到了最低，才有了我们今天看到的C919飞机。

3. 图片

图4-28-1为CFM公司的LEAP-X发动机和P&W公司的GTF发动机；图4-28-2为短舱尺寸过大对气动外形的影响。

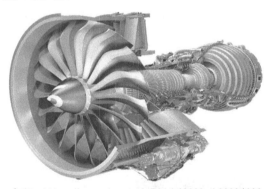

来源：https://www.sohu.com/a/531140090_100034932

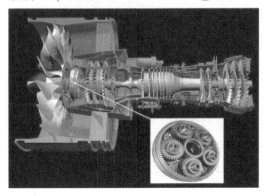

来源：https://baijiahao.baidu.com/s?id=1700582943144188133

图4-28-1　CFM公司的LEAP-X发动机和P&W公司的GTF发动机

图4-28-2　短舱尺寸过大对气动外形的影响（B737-200）

来源：https://graph.baidu.com/pcpage/similar?carousel=503&entrance=GENERAL&extUiData%5BisLogoShow%5D=1&image=http%3A%2F%2Fmms2.baidu.com%2Fit%2Fu%3D2767312625,4167892583%26fm%3D253%26app%3D120%26f%3DJPEG%3Fw%3D889%26h%3D500&index=2&inspire=general_pc&next=2&originSign=121986fccb2dcad4bc56401702647471&page=8&render_type=carousel&session_id=16599953238546550740&shituToken=107854&sign=121986fccb2dcad4bc56401702647471&srcp=crs_pc_similar&tpl_from=pc

二、思政内涵释义

本素材与航空发动机原理课程中"发动机安装性能和安装损失"的课程知识点相关联。

教师通过讲述C919飞机选型过程中发生的故事，让学生了解国产民用航空发动机的现状，让学生感受到未来振兴祖国航空动力事业的行业使命，激发同学们的爱国热情和对航空发动机的学习热情，坚定我国自主研发国产发动机的信心和责任担当。

三、思政元素与教学内容的融合

在"发动机主要性能指标"章节，教师讲解发动机的安装性能和安装损失及其影响因素。教师通过图片等介绍C919研制过程中发生的故事，让学生了解两个问题：一是当时没有国产民用大涵道比涡扇发动机所造成的在C919研制过程中受制于人的被动局面；二是发动机直径增加5 cm的调整对飞机设计带来的巨大影响。最后，通过我们自己的努力克服重重困难并取得今天的成功，让学生感受到实际工程问题的复杂性和重要性，以及所肩负的责任和历史使命，在学习专业知识的同时树立献身祖国航空工业的理想。

本案例素材由屠秋野老师提供

第五章

创新思维类

案例 5.1

从零输入、零状态响应看内外统一

一、思政素材

1. 主题

从零输入、零状态响应看内外统一。

2. 内容

控制系统的响应可分为零输入响应与零状态响应。而在一定条件下,激励源与起始状态之间可以等效转换,即可以将原始储能看作激励源。

3. 图片

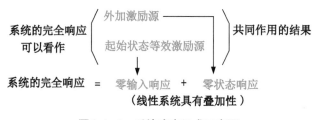

图5-1-1 系统响应组成示意图

二、思政内涵释义

该思政元素来自教学内容本身,该教学内容属于自动控制理论课程中"控制系统响应"的教学内容。

内外兼修、主观能动性与外面压力的相互转换,化外面压力为主观能动性,积极面对人生。

三、思政元素与教学内容的融合

教师从常微分方程的解由通解和特解组成出发,对系统响应的组成进行讲解,引出系统响应由零状态响应和零输入响应组成,再分析不同响应组成之间的转换。使学生了解事物发展内外在因素之间的转换,将学习的外在压力转换为自身的内在动力,培养良好的心态,积极面对人生。

本案例素材由彭凯老师提供

案例 5.2

海洋盐雾环境下叶片表面腐蚀防护对叶片振动的影响

一、思政素材

1. 主题

海洋盐雾环境下叶片表面腐蚀防护对叶片振动的影响。

2. 内容

教师在讲解解决转子叶片故障方法以提高叶片抗疲劳性能、对其中提高表面耐腐蚀防护时,介绍目前我国南海政治军事背景下,飞机在海洋环境的任务量增多,海洋盐雾腐蚀环境对发动机部件会产生腐蚀损伤以及腐蚀疲劳等故障,结合正在开展的相关腐蚀疲劳研究工作,提升学生专业学习兴趣,以及对我国南海问题的关注,激励学生努力学习专业知识,解决发动机难点问题,为我国发动机研制贡献力量。

3. 图片

图5-2-1为海洋盐雾服役环境；图5-2-2为府蚀对疲劳寿命的影响。

图5-2-1 海洋盐雾服役环境 图5-2-2 腐蚀对疲劳寿命的影响

来源：https://www.sohu.com/a/608075513_484352

二、思政内涵释义

教师从解决转子叶片振动方法的提高叶片抗疲劳性能一节，引出表面耐腐蚀防护对于沿海岛礁环境服役的飞机和发动机的安全问题，介绍目前我国南海政治军事背景下，飞机在海洋环境的任务量增多，海洋盐雾腐蚀环境对发动机部件会产生腐蚀损伤以及腐蚀疲劳等故障，结合正在开展的相关腐蚀疲劳相关工作，使学生在学习处理叶片故障方法的同时，也更清楚当前我国发动机研制与应用中的复杂性和困难。同时了解我国航空事业的发展历程，凸显我国空军的发展及飞机性能提升，激起同学们的爱国热情和投身航空领域的学习热情。

三、思政元素与教学内容的融合

"转子叶片振动-提高叶片抗疲劳性能"这一节主要对航空发动机叶片提高抗疲劳性能对解决振动问题的原理和具体方案进行讲解，介绍了几种常见的提高叶片抗疲劳性能的方法。

教师通过视频、图片等资料展示海洋岛礁环境的盐雾腐蚀对叶片振动的影响，以及在我国发动机发展以及国防应用中的具体案例，凸显我国发动机发展的艰辛历程与重大成就，激起同学们的爱国热情和投身航空领域的学习热情。教师根据专业课程教学，使学生在掌握叶片振动问题结构方法的同时，实现专业能力和航空报国信念的共同提升。

本案例素材由景鑫老师提供

案例 5.3

祥云火炬设计

一、思政素材

1. 主题

祥云火炬设计。

2. 内容

据我国专家讲,2008年北京奥运会火炬设计参考了飞机发动机和火箭燃烧技术,采用了非常"神秘"的双火焰燃烧系统,这是人类第一次将火箭技术应用到火炬上。涉及的原理就是扩散火焰,即燃烧之前燃料和氧化剂是分开的,分别位于火焰两侧,一边混合、一边燃烧,燃烧过程主要受扩散过程控制。

3. 图片

图5-3-1为常见的扩散火焰。

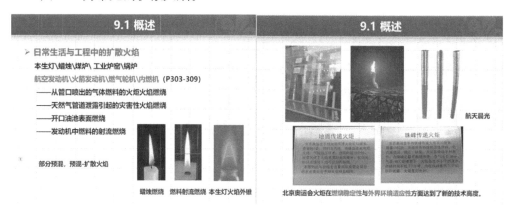

图5-3-1 常见的扩散火焰

二、思政内涵释义

该素材内容与燃烧学课程中"锥形预混火焰的稳定性"内容相关联。

从奥运火炬的设计原理来看，是将运用于航空航天上的理论实际应用到了生活中，这表明航空航天类的知识和实际生活中用到的原理是触类旁通的。教师引导学生学习专业知识时，不要拘泥于应用背景，要有创新的思维，知识可以灵活运用。用学到的知识创新性地去解决面对的问题，这也是当代大学生要掌握的一个技能。

三、思政元素与教学内容的融合

"锥形预混火焰的稳定性"这一节内容讲到锥形火焰的稳定性，高速气流条件下，气流速度大、火焰速度小，保证火焰稳定困难。飞机发动机和火箭燃烧技术中，采用了创新性的技术保证火焰燃烧的稳定性。此处引入2008年祥云火炬设计案例，祥云火炬能够抗各种恶劣的气候条件，比如刮风、下雨等。教师展示我国在火焰稳定基础研究和工程应用结合方面取得的瞩目成绩，也让学生体会到不拘泥于背景、创新思维的乐趣。

本案例素材由熊蛇、李建玲老师提供

案例 5.4

普朗克定律中蕴含的辩证法思想

一、思政素材

1. 主题

普朗克定律中蕴含的辩证法思想。

2. 内容

教师在讲述热辐射部分黑体辐射的普朗克定理时,通过普朗克定理提出前后的过程和发展历程的讨论,引起学生的关注和兴趣。说明探索科学规律的道路往往是曲折的,但困难与突破往往相伴相生,挑战与机遇并存。

3. 图片

图5-4-1为黑体辐射定律——普朗克定律。

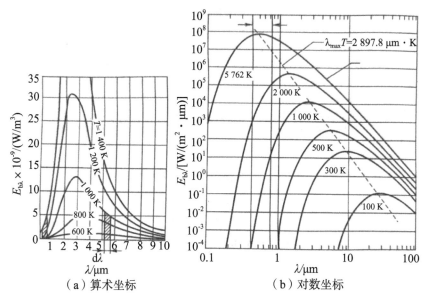

(a) 算术坐标　　(b) 对数坐标

图5-4-1　黑体辐射定律——普朗克定律

来源：陶文铨，传热学（第五版），高等教育出版社。

二、思政内涵释义

该素材内容与传热学课程中"黑体热辐射的基本定律"内容相关联。

教师结合黑体辐射普朗克定律的提出过程中遇到的问题和困难，说明如何用科学的思维和方法来研究解决科学问题。引导学生当遇到难于解决的困难与矛盾时，要有独立创新的思维，勇于对问题提出质疑；以辩证唯物为主旨，培养学生的科学辩证思维能力。

三、思政元素与教学内容的融合

"黑体热辐射的基本定律"这一节内容讲到黑体的辐射定律，黑体的辐射问题，被认为是20世纪物理学上空"两朵乌云"之一，热辐射基础理论研究中的最大挑战在于确定黑体辐射的光谱能量分布。当时一些著名科学家提出的公式都难以在整个波段范围内与实验结果符合，普朗克创新性地提出了黑体辐射的计算公式——普朗克公式，在整个光谱段与实验完美符合。在寻求普朗克公式的物理解释中，大胆地提出了与经典物理学概念完全不同的新假说，这就是能量子假说。利用量子的概念，一批科学家共同努力，开创了量子力学的伟大理论体系。

教师引导学生体会在普朗克定律提出过程中体现的辩证法对立统一的思想。当遇到难以克服的障碍时，要敢于挑战难关，同时要突破已有观念上的束缚、敢于创新，这样才能推动相关技术领域的不断进步。

本案例素材由张丽老师提供

案例 5.5

从总线技术谈团结合作精神

一、思政素材

1. 主题

从总线技术谈团结合作精神。

2. 内容

总线是连接多个功能部件或系统的一组公共信号线。在总线的发展历史上出现过很多总线标准,如STD总线、ISA总线、PCI总线、VXI总线、PXI总线等。这些总线各有优劣,但它们有一个共同点就是所有总线都有一大批软硬件厂商的支持,可以认为每种总线都是工业时代团结合作的产物。

3. 图片

图5-5-1为测试总线的发展历程。

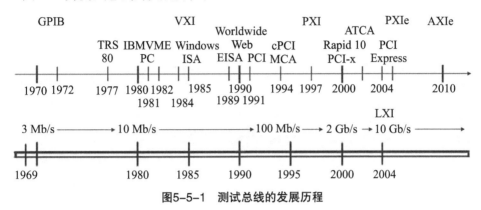

图5-5-1 测试总线的发展历程

来源：朱利文，于雷，金传喜，测试总线的发展与展望[J]，现代防御技术，2019年47卷1期，P151—161。

二、思政内涵释义

该素材内容与工程测试技术课程中"计算机测试系统"内容相关联。

正如总线技术的发展离不开软硬厂商的团结合作，不仅现代工业，在人类生活的方方面面，团结合作都是必不可少的。一个篱笆三个桩，一个好汉三个帮。工人阶级诞生于工业化生产，从诞生之日起就具有分工合作的先天属性。在当今社会，工业门类划分细致，生产链延长，工艺复杂。企业唯有通过团结合作才能得以生存和发展，个人只有通过团结合作才能实现自身价值。

三、思政元素与教学内容的融合

在计算机测试系统一章，教师讲解总线技术的基本概念，介绍标准化STD总线、ISA总线、PCI总线、VXI总线、PXI总线等。教师指出每种总线都有大批软硬件厂商形成的联盟，他们制定维护总线协议，生产软硬件产品，支持总线的发展和应用。也有些总线不是因为技术问题，而是因为没有广泛的支持而逐渐退出历史舞台，从而引导学生认识团结合作精神的重要性。

本案例素材由郭涛老师提供

案例 5.6

飞机吞鸟

一、思政素材

1. 主题

飞机吞鸟。

2. 内容

2021年10月2日,美国NBC报道一鸟撞击飞机引擎引起失火。鸟撞飞机是威胁航空安全的重要因素之一,飞机的高速运动使得鸟击的破坏力达到惊人的程度,一只麻雀就足以撞毁降落时飞机的发动机。为了预防和解决这一危害,根本途径是改进风扇结构设计,因此需要了解风扇叶片设计中广泛使用的的凸肩、宽弦叶片、三明治结构的概念和结构特点。

3. 图片

图5-6-1为飞机起飞过程中发生撞鸟事故。

图5-6-1 飞机起飞过程中发生撞鸟事故

来源：https://m.thepaper.cn/newsDetail_forward_14787340

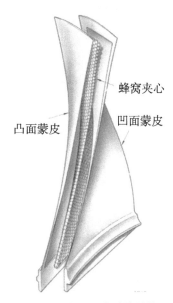

图5-6-2 空心风扇叶片结构

来源：https://graph.baidu.com/pcpage/similar?carousel=503&entrance=GENERAL&extUiData%5BisLogoSho
w%5D=1&image=http%3A%2F%2Fmms1.baidu.com%2Fit%2Fu%3D665670526,1256080474%26fm%3D253%26app
%3D138%26f%3DJPEG%3Fw%3D500%26h%3D1146&index=1&inspire=general_pc&next=2&originSign=1210
d58766c4c97ad225b01702648263&page=1&render_type=carousel&session_id=17370115038546407718
&shituToken=b412ff&sign=1210d58766c4c97ad225b01702648263&srcp=crs_pc_similar&tpl_from=pc

二、思政内涵释义

该素材内容与航空发动机结构分析课程中"发动机风扇典型结构"内容相关联。

教师列举国内外民航军航的多则鸟击飞机造成事故的案例,从解决鸟击飞机这一问题出发,提出:发动机中最容易遭受鸟击的部位是哪里?可以用什么方法解决这一问题?……引发学生关注和思考,逐步介绍发动机风扇结构设计的形式和发展,增加学习的趣味性和思考问题角度的多样性。

三、思政元素与教学内容的融合

"发动机风扇典型结构"这一节是从发动机整体流道分析出发,对发动机风扇的重要性、典型结构、设计要点进行学习,理解风扇中各类结构的设计出发点与优点。教师通过与实际和工程实验相结合,从通俗易懂的角度解读发动机风扇叶片在设计过程中,综合考虑刚度、振动、质量等因素,最终诞生了如今广泛使用的叶片形式,激发同学们的好奇心与主动探索主动思考意识,以及对飞机结构设计多方面思考的兴趣。

本案例素材由高文君老师提供

案例 5.7

飞机"竹蜻蜓"的前世今生

一、思政素材

1. 主题

飞机"竹蜻蜓"的前世今生。

2. 内容

教师播放《哆啦A梦》中卡通人物戴上竹蜻蜓就能够飞翔的视频,联想竹蜻蜓与直升机旋翼,分析竹蜻蜓与直升机工作原理;驱动直升机旋翼旋转需要能量,分析能量来源,并在此基础上引入涡轴发动机和其他类型发动机。

3. 图片

图5-7-1为某型通用武装直升机。

图5-7-1　某型通用武装直升机

来源：https://www.163.com/dy/article/I94Q8JIH0552P76P.html

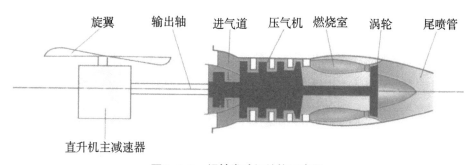

图5-7-2　涡轴发动机结构示意图

来源：https://graph.baidu.com/pcpage/similar?carousel=503&entrance=GENERAL&extUiData%5BisLogoSho
w%5D=1&image=http%3A%2F%2Fmms2.baidu.com%2Fit%2Fu%3D2576369241,2853705873%26fm%3D253%26ap
p%3D138%26f%3DJPEG%3Fw%3D550%26h%3D185&index=0&inspire=general_pc&next=2&originSign=12176
21561952b4f2271d01702648320&page=1&render_type=carousel&session_id=12021070432756316279&
shituToken=f6de39&sign=1217621561952b4f2271d01702648320&srcp=crs_pc_similar&tpl_from=pc

二、思政内涵释义

该素材内容与航空发动机结构分析课程中"航空发动机类型和结构"内容相关联。

教师从竹蜻蜓镜头引出关注点——旋转的桨叶。然后通过类比直升机提出问题：飞机工作的能量从哪里来？现代的飞机有没有桨叶？在师生讨论过程中，教师介绍直升机使用的涡轴发动机的特点和发展，并引出介绍其他类型发动机。通过联想激发学生的好奇心，引导学生学习专业知识时要有思维的创新。

三、思政元素与教学内容的融合

"发动机类型和结构"这一节是航空发动机结构的入门课，也是发动机研究的入门课，主要介绍发动机的多种类型、结构特点、主要部分等，在此基础上对发动机和飞机进行分类了解。教师通过视频、图片的展示，从《哆啦A梦》的动画片出发，引入直升机和发动机，逐步引导学生认识发动机，激发学生的创新思维，"竹蜻蜓"和"王冠上的明珠"其实是一样的！具化学生对于发动机结构的抽象印象。

本案例素材由高文君老师提供

案例 5.8

氢燃料电池

一、思政素材

1. 主题

氢燃料电池。

2. 内容

氢燃料电池是氢能利用的主要方式之一，可替代汽车等交通工具中的油、气燃料，以减少碳排放，保护环境。氢燃料电池涉及流体力学、传热、传质、催化、膜分离等多学科技术，其创新发展历程体现了现代科技创新通常是多学科理论与技术交叉融合的产物。

3. 图片

图5-8-1为氢燃料电池单元构造；图5-8-2为氢燃料电池汽车；图5-8-3为氢燃料电池。

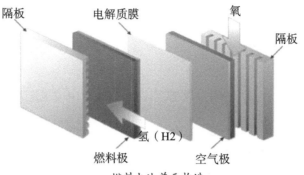

图5-8-1　氢燃料电池单元构造
来源：https://baijiahao.baidu.com/s?id=1750297174585384723&wfr=spider&for=pc

图5-8-2　氢燃料电池汽车
来源：https://www.163.com/dy/article/I62L22JB0527DG1Q.html

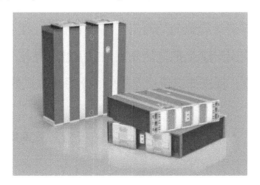

图5-8-3　氢燃料电池

来源：https://graph.baidu.com/pcpage/similar?carousel=503&entrance=GENERAL&extUiData%5BisLogoSho
w%5D=1&image=http%3A%2F%2Fmms2.baidu.com%2Fit%2Fu%3D708233601,876457497%26fm%3D253%26app%
3D138%26f%3DPNG%3Fw%3D310%26h%3D200&index=2&inspire=general_pc&next=2&originSign=12147e34
8f12fe0a57f8d01702648395&page=1&render_type=carousel&session_id=1458757619795282525&shitu
Token=375af9&sign=12147e348f12fe0a57f8d01702648395&srcp=crs_pc_similar&tpl_from=pc

二、思政内涵释义

氢燃料电池的内容与可再生能源技术课程第四章中"氢能利用"一节的内容相关联。

教师通过对氢燃料电池的介绍,引导学生认识能源与动力工程领域的科技创新在服务社会、保护环境方面的重要作用;领悟科技进步与创新是增强综合国力竞争的决定性因素;科技创新必须秉持开放、多学科融合的科学思想;节约能源、保护环境是实现经济社会可持续发展的内在要求;综合、灵活运用所学知识,创新性地解决科学技术问题,是新时代大学生的必备能力。

三、思政元素与教学内容的融合

教师在"氢能利用"一节中,介绍国内外氢燃料电池技术的发展历史与应用状况,讲述氢燃料电池的工作原理。

目前绝大部分车辆等交通工具仍使用化石燃料,对环境造成严重污染。开发、利用清洁能源替代燃油、燃气,对于减少碳排放,保护环境,实现"碳达峰""碳中和"目标,具有重要作用。伴随未来10~20年我国氢能产业将进入重大发展机遇期,使用氢燃料电池等清洁能源的交通工具将逐渐普及,摆脱目前燃油、燃气占据主导地位的局面。教室引导学生把氢能发展同我国社会和技术创新发展联系起来,提高课堂教学的吸引力,促进知识传授及学生科学思维方式的培养。

本案例素材由张立琦老师提供

案例 5.9

ARJ21飞机结冰试飞取证

一、思政素材

1. 主题

ARJ21飞机结冰试飞取证。

2. 内容

2011年3月27日至4月22日,ARJ21-700飞机第一次转场新疆乌鲁木齐做自然结冰试验。

2012年3月3日至4月1日,ARJ21-700飞机第二次转场新疆乌鲁木齐做自然结冰试验。成功进行了1架次自然结冰气象条件下的防冰系统试飞。

2013年11月6日至11月28日,ARJ21-700飞机第三次转场新疆乌鲁木齐做自然结冰试验。总结前两次的经验,创新性地首次在国内开展乌鲁木齐、克拉玛依、阿勒泰福海"三地气象遥测"试飞。

2014年2月13日至3月1日,ARJ21-700飞机第四次转场新疆乌鲁木齐,开展国内"三地遥测"自然结冰试验的最后一搏,完成了夜航试飞。

2014年3月28日至4月8日,ARJ21-700飞机104架机以加拿大温莎机场为主机场,借助北美五大湖区出现自然结冰气象条件的广阔空域,成功进行了自然结冰条件下的机翼防冰、风挡防冰、短舱防冰、失速告警-自然结冰试飞构型等11个科目22个试验点的全部试验试飞任务，自然结冰试验宣告圆满结束。

二、思政内涵释义

本素材内容与"航空发动机结冰综述"课程中"发动机结冰试验"部分教学内容相关联。

通过我国ARJ21飞机结冰试飞取证的过程，让学生了解结冰试飞试验中，科研工作者和试飞团队的创新做法，让学生体会到在科研和工程应用中创新的重要性；给学生建立创新的理念和意识。

三、思政元素与教学内容的融合

在"发动机结冰试验"教学内容中，讲解不同的发动机结冰试验，引导学生创新性地发散思维——如何开展发动机结冰试验；之后讲解自然结冰飞行试验是其中的一种试验方法，同时自然结冰试飞也是民机型号合格审定试飞中非常重要且需特殊气象要求的试飞科目，与失速试飞、颤振试飞等科目一起被列为一类风险试飞科目；讲解了自然结冰试飞的重要性之后，将ARJ21-700自然结冰试飞的过程讲给学生，重点讲授科研和试飞团队在整个试飞过程中采用的创新做法，以及这些做法所带来的结果，使学生更好地理解什么是"创新思维"，体会到科研和工程中创新重要性的同时也体会整个试飞团队所付出的辛苦和努力。

本案例素材由张丽芬老师提供

案例 5.10

某型发动机主滑油泵抱轴失效故障

一、思政素材

1. 主题

某型发动机主滑油泵抱轴失效故障。

2. 内容

某型发动机主滑油泵的类型是齿轮泵,其采用了滑动轴承的结构,是按照英方图纸及工艺加工、生产的,英方的该型滑油泵已在英国500多台发动机上工作了近30年、数百万小时。该产品引入国内生产、加工后发现:由于英方使用的润滑油比国内的润滑油稠,为此,国内生产厂家采用了增加齿轮泵齿顶高及齿宽的方法,最终达到了英方润滑油泵的输出压力与流量的技术指标要求。

自1996年国内研制的油泵装机使用以来,至2007年(共计11年)间共计发生了主滑油泵抱轴失效故障8次。

3. 图片

图5-10-1为某型发动机滑油泵结构示意图。

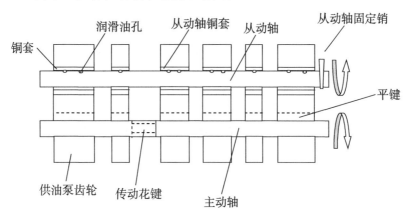

图5-10-1 某型发动机滑油泵结构示意图

二、思政内涵释义

该思政元素来自教学内容本身,该教学内容属于控制系统工程分析方法课程中"工程案例分析"教学内容。

我国目前较成熟的航空发动机多为测仿产品,厂所在测仿时往往只知其然而不知其所以然,未能举一反三,造成测仿产品出现可靠性差的问题。

三、思政元素与教学内容的融合

教师具体分析某型发动机主滑油泵的工作原理、故障来由和排故措施,使学生了解某型发动机主滑油泵的历史渊源;通过某型发动机主滑油泵抱轴失效故障分析,使学生了解原创设计的重要性,了解技术受制于人的被动,使学生在以后的工作中提高对自主创新的重视;使学生认识到所谓的原创性创新除了引进外仍还需要消化再吸收,不能只追求肤浅的东西;在以后的工作要引以为戒,发扬奉献精神,刻苦钻研追求原创性创新。

本案例素材由彭凯老师提供

案例 5.11

大国工匠的故事
——航空发动机制造中的高超技艺

一、思政素材

1. 主题

大国工匠的故事——航空发动机制造中的高超技艺。

2. 内容

"科学无国界,科学家有祖国。"尖端技术西方是永远不会给我们的,唯有自主研发是必由之路。

高凤林,首都航天机械有限公司高凤林班组组长,中华全国总工会兼职副主席。他是航天特种熔融焊接工,长三甲系列运载火箭、长征五号运载火箭的第一颗"心脏"(氢氧发动机喷管)都经他手中焊接完成。39年来,他为90多发火箭焊接过"心脏",占我国火箭发射总数近四成,攻克了200多项航天焊接难关。2014年底,他携3项成果参加德国纽伦堡国际发明展,全部摘得金奖。荣获全国劳动模范、全国道德模范等荣誉称号。

李志强,现任中国航空工业集团公司沈阳黎明航空发动机(集团)有限责任公司发动机装配厂总装工段装配班班长,中国航空工业集团公司首席技能专家。李志强所在的总装工段肩负着中国最先进航空发动机的装配任务。李志强开创了国内航空发动机装配生产组织的先河，攻克了多个国家重点型号航空发动机装配的关键技术，实现工艺创新126项，自行研制工装工具312件，申报发明专利50余项，开展技术攻关项目106项，首创并推广航空发动机管路校正与安装的"李志强操作法"，提高装配效率20%以上。他先后荣获全国劳动模范、全国技术能手、全国最美退役军人等称号。

3. 图片

图5-11-1为航天特种熔融焊接技术；图5-11-2为航空发动机装配技术。

图5-11-1　航天特种熔融焊接技术

来源：https://ishare.ifeng.com/c/s/v0024mFVW2--6Lh5ASEy4Ey6WtnC-_EbKdFaNoZ133UzYmE10__

图5-11-2　航空发动机装配技术

来源：http://www.holon3d.com/ndetail.aspx?newsid=716

二、思政内涵释义

该素材内容与流动不稳定原理及流动控制概论课程中"微型动态探针加工制造技术"内容相关联。

教师通过挖掘重大工程背后的人物故事,让学生认识到在未来的工作中,要像重大工程背后的中国梦的创造者那样,以更强的动力投入学习工作中,成为这个时代中一名坚定的奋斗者和奉献者。工程实体或者大国重器是宏观表现,而人物故事和技术理论是微观展示,教师通过一些生动具体的故事拉近和学生的距离,让学生发自内心地明白一个又一个的"中国奇迹"是奋斗出来的,祖国的发展和富强需要我们不懈地努力和奋斗。

三、思政元素与教学内容的融合

国家重大工程背后的人物故事——大国工匠高凤林、李志强等人物事迹,可以作为叶轮机械原理、离心压气机原理、叶轮机械综合实验和流动不稳定原理及流动控制概论课程的内容引入。以大国工匠故事将专业与育人相结合,教师通过视频、图片等资料展示国家重大工程的关键技术难题,挖掘背后的人物故事。通过大国工匠故事,使学生掌握航空叶轮机械非定常流动、动态压力探针测量方法等内容。培养学生具有扎实专业基础知识同时,具备挑战科学高峰的魄力,同时具有主动担当的精神和脚踏实地的实干精神,具有创新能力和探索精神。使学生懂得个人幸福是奋斗出来的,国家繁荣富强更是奋斗出来的道理,增强责任担当和时代使命感。

本案例素材由王昊老师提供

案例 5.12

能量法求解变截面叶片的频率问题

一、思政素材

1. 主题

能量法求解变截面叶片的频率问题。

2. 内容

教师在讲解变截面弯曲振动时,讲解瑞利法原理,让学生了解先贤们的重要思想和在FEM出现之前是如何计算固有频率的。各种不同理论可以解决相同的问题,或是同一种理论解决不同领域的问题。教师让学生知道学习各种理论的重要性,激发理论知识的学习热情,为将来为航空事业发展作贡献。

3. 图片

图5-12-1为瑞利；图5-12-2为里兹。

图5-12-1 瑞利
(Lord Rayleigh, 1842—1919)
来源：http://www.fangzhenxiu.com/post/1887340

图5-12-2 里兹
(Walther Ritz, 1878—1909)
来源：https://m.sohu.com/a/300959227_224832

瑞利法用于计算振动系统固有频率的近似值，特别是最小固有频率的上界的一个原理，是英国的瑞利于1873年提出的。它是振动理论中的一些极值原理以及计算固有频率和振型的瑞利-里兹法的理论基础。

里兹（W.Ritz）(1878—1907)是瑞士杰出的理论物理学家和数学家，他是希尔伯特的学生。他虽然英年早逝，但却在学术上有着重要的建树。在光谱学上，他提出著名的组合原则；在数学上，针对变分法里泛函极值的求解问题，他提出重要的里兹方法，为后来有限元法的诞生奠定理论基础。

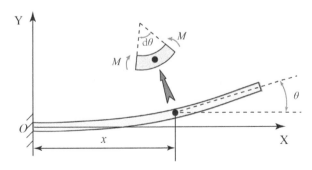

图5-12-3 平板叶片振动模型，能量法计算频率相对误差仅有0.43%

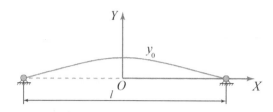

图5-12-4 弦的振动模型,能量法计算频率相对误差仅有0.1%

二、思政内涵释义

振动特性的计算方法有多种,历史发展大致以三种方法最为典型。最初是理论推导法,然后是能量法,最后是有限元方法。这些方法的根本问题的背后是数学,打好数学基础,是解决工程问题的有力工具。学生时代要努力学好数学,储备数学知识、掌握数学工具。教师让学生理解数学是"道",工程问题是"器"。掌握了"道",表面看似不同的问题实质可归类为同一类问题,用一个"道"解决,而同一个问题又可以用不同的"道"去解决。

三、思政元素与教学内容的融合

教师首先讲清楚能量法的基本原理,然后再用两个算例证明能量法的优势。

1. 详细讲解瑞利原理:对于一个在稳定平衡位置附近振动的保守系统,假设它以某一满足变形连续条件和位移边界条件的可能位移为振型做简谐振动,由于机械能守恒,系统的最大势能等于最大动能。

2. 算例1,通过悬臂梁振动能量法计算结果与理论法相对误差仅仅0.43%,让学生体会能量法的精妙之处。

3. 算例2,通过弦的振动能量法算例(相对误差仅0.1%),再次证明能量法具有足够的精度。

本案例素材由唐俊星老师提供